U0891165

湖北省社科基金一般项目（后期资助项目，项目编号：2019022）资助

虚拟需要论

信息社会的需要理论

张孟杰　著

科学出版社

北京

内 容 简 介

本书立足于马克思需要理论，研究信息社会人的虚拟需要问题，重点分析和梳理人的需要在信息社会呈现出的种种虚拟性特征，并在此基础上对“虚拟需要”进行界定。本书既有对马克思需要理论研究的分析和描述，又有对马尔库塞、鲍德里亚、波斯特等对需要问题研究的考察和批评，还涉及对马克思需要理论何以能够同化和解释虚拟需要这一新的需要形式的讨论。

本书可作为马克思主义基本原理、国外马克思主义研究等领域高校师生的参考用书，也可供对马克思需要理论、信息社会人的需要问题感兴趣的读者参阅。

图书在版编目（CIP）数据

虚拟需要论：信息社会的需要理论 / 张孟杰著. — 北京：科学出版社，2021.11

ISBN 978-7-03-070098-8

Ⅰ. ①虚… Ⅱ. ①张… Ⅲ. ①马克思主义-需求理论-研究 Ⅳ. ①F014.32

中国版本图书馆CIP数据核字（2021）第215259号

责任编辑：石 卉 陈晶晶 / 责任校对：韩 杨
责任印制：李 彤 / 封面设计：有道文化

科 学 出 版 社 出版
北京东黄城根北街 16 号
邮政编码：100717
http://www.sciencep.com
固安县铭成印刷有限公司 印刷
科学出版社发行 各地新华书店经销
*
2021 年 11 月第 一 版 开本：720 × 1000 1/16
2022 年 3 月第二次印刷 印张：13
字数：263 000

定价：88.00元

（如有印装质量问题，我社负责调换）

前 言

人的需要问题是一个源远流长、历久弥新的研究课题。信息社会为我们以新的思路探讨和理解人的需要及其本质提供了契机。技术进步带来的通信便利正在各个维度上将人的需要放大，需要的单一性正与需要的多样性并行。在信息社会，我们更容易“窥探”到他人的需要并与之产生共鸣，也更容易在更多类型、更多层次的需要的参照下对需要本身进行反思。本书所要探讨的虚拟需要，正是在信息社会对需要进行理论探讨所需要的主题。

在进入这一主题之前，我想先从整体上对当今与信息有关的哲学研究做一个梳理。虽然我们生活在信息的时代，但却难以言明信息的本质；虽然我们时时刻刻都接触到信息，但却不知道信息是什么。之所以如此，并非人们不关注信息和信息的本质。事实恰恰相反。自20世纪中叶“信息论”和“控制论”的创立将信息纳入科学研究的视域以来，人们对信息的科学研究以及随之而来的哲学研究就从来没有停止过。几十年来，这些研究为信息增添了上百种各式各样的定义，但同时也越发增加了人们心中的疑惑。在这种背景下，一门以信息冠名，并将信息作为主要研究对象的哲学分支——信息哲学，在人类社会即将进入21世纪时诞生了。我们研究信息社会的虚拟需要，首先要对信息哲学有一定的了解。

诞生于世纪之交的信息哲学，既是现代哲学在对信息现象作专门的哲学探讨过程中所分化出来的子类，又是现代哲学试图利用新的概念和方法对传统哲学问题进行回答，对语言哲学、心灵哲学、人工智能哲学进行深化和超越的产物。信息是宇宙中的一种基本现象。控制论的创始人维纳就曾经断言：信息就是信息，既不是物质也不是能量。①虽然信息现象亘古长存，但人们对之作专门的科学和哲学研究，却只有几十年的历史。就哲学而言，信息现象能够进入哲学研究的视野，并促使信息哲学诞生，主要有两方面的原因。一是世界范围内的信息科学技术的发展和应用，使世界“信息化”，突显出世界的信息属性，于是人们得以发现一个全新的世界，即信息世界。而哲学历来以解释世界为己任，所以信息理所当然地成为哲学研究的对象。在这个意义上，信息哲学是信息时代的哲学。二是哲学自身发展的逻辑进程。20世纪的哲学，特别是英美分析哲学极大地受到自然主义影响。自然主义的渊源可以追溯到古希腊，但它在当代的复苏和盛行一方面得益于自然科学在解释世界时所获得的巨大成功，另一方面得益于逻辑经验主义的推进。在自然主义看来，自然科学既是一种本体论标准，又是一个“终极解释装置”。质言之，科学是存在的尺度，是解释的依据。自然科学领域中几乎所有的学科都被自然主义者当作工具，纳入自然化的解决方案当中。而信息科学则是自然主义者手中最新颖的工具之一。自然主义者试图通过借助信息科学中的概念、原理、方法来解决并说明真理、知识、内容、信念、意向性等传

① Adams F. The informational turn in philosophy [J]. Minds and Machines，2003，(4)：471-501.

统的哲学问题。在这个意义上，信息哲学是分析哲学主导下的自然化运动的产物。

信息哲学能够在众多自然化方案中脱颖而出，并最终作为一门独立的哲学分支呈现于世人面前，除了信息科学技术的发展和自然主义的盛行等条件之外，最为关键的还在于它通过数十年积累，形成了一个专属于自己的、具有相对独立内核的研究领域。这个研究领域主要由以下这些引人入胜的问题构成。

第一，信息现象学问题，即对各个学科门类中“信息”一词所指称的信息现象进行辨析、归类的问题。信息现象纷繁复杂，不同学科对“信息”的所指莫衷一是。而是否存在一个一般化的信息概念，关系到是否能够建立起“统一的信息理论”。目前在该问题上存在两种主要倾向。一是主张信息概念“中心化”，认为各种看似不同的“信息”概念实际上存在着一个相互交叉的、可以分离出来的、独立的“中心概念”，这个“中心概念”才是“信息”一词真正所要表达的概念。二是主张信息概念“去中心化”，试图用一个分散的相关概念网络来解释信息概念。后者同样追问“信息是什么”这一问题，但它更看重问题本身，而非问题的答案，因为它试图通过这种提问来“寻求各种哲学探索之间的理想交汇点”。

第二，信息的本体论和本质问题。信息的本体论关注的是：信息是否存在？如果存在，它是何种层次的存在？是独立的实体，还是关系或者属性？它和宇宙中的其他现象是什么关系？当前绝大多数理论都承认信息存在，但同时又存在着下述三种有代表性的争论。一是把主体作为信息的构成要件，并由此主张信息只有认识论意义，而无本体论意义。二是把信息作为宇宙的基本属性，认为信息、物质、能量具有同等地位，并能够相互转化。三是遵循自然主义的原则对信息进行自然化。信息的本体论和本质问题是信息哲学中最基本、最重要的问题，同时也是当前争论最激烈、分歧最大的问题，堪称信息哲学中绕不过的难题。

第三，信息语义学问题，即用信息说明意义的问题。在当代，意义问题是一个多学科关注的焦点问题，在哲学中尤其如此。这正如哲学家赖尔所说：热心于意义问题的研究，这是20世纪哲学家的职业病。[①]信息语义学对意义的研究在当前主要呈现出两种截然相反的倾向：一是心理主义倾向，二是自然主义倾向。心理主义把意义看成一种心理实在，认为心灵的解释力一方面生成意义，另一方面创造信息，意义和信息因主体而相关。自然主义力图把意义自然化，认为意义的产生过程实际上是一个信息处理过程，信息本身就是一个语义相关的概念，主体则是一台处理信息的计算机，意义是计算的产物。当今的信息语义学研究中，占主导地位的倾向是自然主义。

第四，信息处理问题。信息无处不在，信息处理同样无处不在。从无机物，到原始生命体，到能够思考“意义”之意义的人，再到由人所组成的社会，宇宙中充满了结构不同、类型各异的信息处理系统。就此而言，整个宇宙呈现出一个由低到高的进化谱系。在这个谱系中，人心与动物的心灵并无质的区别，而只是一台相对复杂的计算机——既是句法机又是语义机。进化、学习和设计是构成信息处理系统的三种主要手段。

第五，信息的方法论问题。信息哲学既是一个新的研究领域，又是一种新的研究方法。当前，信息哲学的研究方法不仅体现在将来有可能融入信息哲学的那些哲学门类中，诸如人工智能哲学、心灵哲学、语言哲学、计算哲学，而且还出现在诸如美学、伦理学等其他一些学科的研究当中。这体现了信息哲学的生命力和适应性。

信息哲学作为一门独立的哲学分支为哲学界所承认尚不足二十年时间，但它在解决传统哲学问题时所显示出的巨大优势和潜力，已经使越来越多的人为之瞩目。例如，信息哲学对信息本质和本体论地位的界定，有可能会使我们获得信息这样一种以往被忽视了的、全新的存在形式，

① Ryle G. The theory of meaning [C]//Caton C E. Philosophy and Ordinary Language. Urbana: University of Illinois Press, 1963: 128.

从而丰富本体论研究的对象，并将之推向前进。我们在研究虚拟需要的过程中必须要借鉴当前信息哲学的研究成果，对其中涉及的本体论问题及信息的本质问题进行深入研究，同时对其中没有涉及的问题进行一些合理的探索。

在马克思经典作家的相关论述中，需要问题占有相当的篇幅和重要的地位。马克思从主体、对象、层次、性质、功能、来源及满足条件等多个方面对需要进行了丰富细致的论述和探讨，从而构成了内涵丰富、特色鲜明的马克思需要理论。国内外对于马克思需要理论已经有了相当的研究，其中也不乏一些重要的、有分量的理论成果。但是，关于需要，几乎所有的研究都在一个具有时代特性的、不容忽视的重要问题上存在着不同程度的忽视和欠缺：这个重要的问题就是虚拟需要问题。虚拟需要是产生于网络信息时代的一种新的需要形式，它与马克思所阐述的人的需要在来源、对象、性质、功能及满足等方面都存在很大不同。或许我们对于“虚拟需要”这一提法仍感到陌生，但是我们每一个生活在当前网络信息时代的人都能深切感受到它所产生的种种影响。虚拟需要就像一个飘荡在网络信息时代的幽灵，对每一个有机会接触到电脑、智能手机、有线无线网络等电子信息媒介的现代人发出诱惑，使后者无法自拔地“卷入”到各种网络空间、社区、论坛、微信等所构成的虚拟饕餮当中。我们突出强调虚拟需要对现代人的影响，并不是要探讨这种影响的社会学、心理学、人类学意义（虽然当前已经有大量的相关研究），而是要针对这样一个具有重要意义的哲学问题：马克思需要理论如何面对虚拟需要这种新的需要形式？我们说虚拟需要是一种新的需要，那么这里所说的“新”究竟是何种程度上的新？质言之，马克思需要理论是否具有足够的理论张力来容纳和吸收虚拟需要这种新的需要形式？这又牵涉到几个方面的问题：如与传统需要相比，虚拟需要是具有了质的区别，还是仅仅是“旧瓶装新酒”，不过是改头换面了的传统需要？再如，马克思虽然使用过“虚拟”一词（作为“虚拟资本”来使用），但从未涉及虚拟需要，反倒是当前西方的一些马克思主义理论研究者非常隐晦地涉及了虚拟需要的含义，那么马克思需要理论如何同化和解释虚拟需要这一新的需要形式（这一点毫无疑问是具有必要性的，因为虚拟需要具有不同于传统需要的属性），如何应对西方研究者围绕虚拟需要所构建的理论，这些都是本书需要解决的问题。而对于上述这些问题，当前国内外研究者都有不同程度的涉及，从总体上来看主要表现为三种倾向。一是认为马克思主义是不断发展的、开放的理论，始终站在时代的前沿，所以能够解释现有社会现象。虽然虚拟需要具有一些新的特性，但马克思需要理论能够对之做出相应的解释。二是错误地认为信息社会的生产方式发生了根本性的变革，因此马克思主义理论不能解释信息社会的各种社会现象。三是主张对马克思主义理论进行丰富和完善，以此来适应网络信息社会所出现的各种社会基础的部分质变。针对有关虚拟需要的相关问题和研究倾向，本书对虚拟需要的产生、概念及特征进行了尝试性的研究，以求抛砖引玉，力争构建出信息社会需要理论的完整框架。

本书共六章。第一章导论部分概述了信息社会的需要理论，对其国内外研究现状进行梳理，并介绍了本书采用的研究方法。第二章主要对“虚拟需要”的概念进行界定，首先就虚拟需要目前在概念理解中存在的方法论错误进行批判，进而分析虚拟需要自身所具有的二重性，即虚拟性和现实性，在此基础上对虚拟需要的概念进行界定，同时对与虚拟需要相关的概念进行辨析。第三章分为三个部分，分别对马克思需要理论的理论体系、理论实质，以及马克思需要理论与虚拟需要的关系进行研究，指出马克思需要理论是我们研究虚拟需要的主要理论基础和理论依据，同时它也为我们研究虚拟需要提供了正确的价值导向。第四章分析了虚拟需要产生的现实基础，信息社会人们生产方式和生活方式的改变催生了虚拟需要的出现，各种信息技术也使人的需要的虚拟性更加凸显，尤其是信息的透明化更加深了需要的虚拟性。第五章总结了虚拟需要的符号化、浸没性、交互性、异化四个特征，虚拟需要的这些特征是其区别于其他各种需要的重要标志。第六章分析了虚拟需要与人的本质、美好生活需要、人的幸福和发展的关系，创新性地提出从虚拟性的角度出发来重新理解人的本质，在此基础上指出虚拟需要论的研究是对马克思主义人学理论的丰富和完善。

目　录

第一章

导　论

第一节　信息社会的需要理论

当代信息社会，人的需要呈现出一些新的特征。信息技术的进步极大促进了信息产业的发展，使社会生产方式和人们的生活方式都呈现出信息化和虚拟化的特征。研究信息社会的需要问题，阐明其特征、本质、类别并分析它对人的生存和发展的影响，不仅对于丰富和发展马克思需要理论具有一定的理论价值，而且能够为人们在现实生活中的价值选择、社会认知等提供一定的参考和借鉴。需要问题是马克思主义理论的重要组成部分，马克思从分析需要的角度入手探索实现人的全面自由发展的途径。马克思主义理论的重要特质就是理论关注现实、以理论促进现实，因此信息社会所发生的人的需要的变化更应该引起马克思主义理论研究者的重视。以马克思主义理论来指导我们研究信息社会的需要问题，使信息社会人的实践活动具有理论自觉，同时在客观上促进马克思需要理论的丰富和发展是本书的最终研究目标。

（1）以马克思需要理论为指导研究信息社会的需要的新变化，从而指导信息社会人们的实践活动是本书研究的出发点之一。马克思需要理论在马克思主义理论体系中居于重要地位，对于指导社会实践活动具有深刻的理论意义。近年来随着信息社会的发展，由信息技术革命所引发的信息的膨胀普遍渗入了人类生活的全部领域。新的信息技术的出现使当今社会的生产方式和生活方式发生了巨大的变化，围绕着信息技术而组织起来的新技术范式物化为一种生产、传播、管理与生活的新的方式，在全世界范围内改变着人们的生活。各种关于技术决定社会的言论甚嚣尘上，对信息技术的过度崇拜引发了众多学者的广泛关注。虽然笔者并不赞同技术决定论的看法，但是对于信息技术的重视却是毋庸置疑的。信息技术所带来的生产方式和发展方式的变化，加速、引导和塑造了信息技术范式。所有这一切不得不引起人们对信息社会人类自身变化的关注，关于信息社会对人的各种影响也成为当前理论界研究的焦点。人的需要问题是研究人的问题的一个有效切入点，也体现了哲学对人的终极关怀。信息技术尤其是网络计算机技术的发展使全世界都被网络整合在一起，由此也产生了规模庞大的网络虚拟社区。人们普遍认为虚拟社区的出现增强了人们的自我认同感，满足了人们对于自我认同的需要。但是也有一些人把这看作相反的意义，认为正是虚拟社群的出现导致了自我认同的危机，使自我与社会日趋分离，直至彻底孤立，所有这些关于信息社会的需要问题的研究都应该受到重视。以马克思需要理论为指导，对信息社会的需要问题即虚拟需要问题出现的新变化、新特征进行梳理，并研究如何实现人们合理的虚拟需要、消解其中不合理的成分，对于指导当前信息社会人们的实践活动具有重要的理论意义，也是我们研究虚拟需要论的根本目的。

（2）研究信息社会的需要问题以丰富和发展马克思需要理论也是本书的研究目标。马克思需要理论贯穿于整个马克思主义理论体系之中，是马克思研究生产的动力、社会革命的动力以及人的全面自由发展问题的重要切入点。对现实的关注是马克思主义理论的重要品格，因此对当前信息社会出现的各种问题的关注也应该成为马克思主义理论研究者的使命。同时马克思主义理论是一个开放性的理论，需要研究各种现实问题以保持其理论的活力。马克思认为人的需要活动是以社会实践为基础的，反映了人与外部世界的能动关系。人的需要也不是一成不变的，也会随着社会实践的变化发生改变。人们的需要受到外部客观条件的限制，当外部条件发生改变时，人们也会相应地调整自己的需要指向。同时人们也不是一味消极地面对外部世界，为了更好地满足自身的需要，人们往往会有意识、有目的地去创造条件，这也是人与动物的根本区别。虚拟技术的出现给人们带来了一种新的生活方式——虚拟生存，虚拟生存已经成为信息社会人们的一种主要生活方式。在虚拟空间里，人们以符号的形式进行交往，人的身体被排斥在虚拟空间之外，人们在虚拟空间里产生的各种需要必然会受到新的生活方式的影响而发生变化。在马克思所处的时代虚拟技术还未出现，因此对于信息社会的需要问题的研究必然会促进马克思需要理论的丰富和发展。当前关于虚拟需要论的研究还比较薄弱，大多数的研究者把目光聚焦在关于信息社会本身的研究上，缺乏人文关怀。同时马克思主义理论的研究者对于信息社会的需要问题也关注较少，对于信息社会的需要问题的研究也长时间处于停滞状态。因此，我们有理由相信本书有助于弥补这方面研究的不足，同时对于运用马克思需要理论指导现时代人们的实践活动同样具有意义。

（3）虚拟需要论作为信息社会的需要理论，不仅对于丰富和发展马克思主义理论具有重要的理论意义，同时有利于构建科学的需要理论体系，对深化价值论研究也有重要的理论贡献。

第一，虚拟需要论是对马克思需要理论的丰富和发展。虚拟需要论作为信息社会的需要理论，是马克思需要理论的延续和发展。信息社会是近年来随着信息技术的发展的新的社会发展趋势，马克思主义理论要顺应时代的发展就必须关注信息社会的这一新的社会现实，因此本书着眼于信息社会的需要问题也是与马克思主义理论对人的问题的重视一脉相承的。同时本书为人的需要问题引入了许多新的研究视角，并且深入挖掘了马克思需要理论的核心内容，为马克思需要理论增添了新的时代特征。本书把研究的重点放在研究信息社会人的需要发生的新的变化，提出虚拟需要的概念，突出信息社会人们需要的虚拟化特征。虚拟需要的特征的总结不仅是对信息社会人们需要的发展趋势的总结，也为马克思关于人的需要的特征的论述增添了新的内容，使马克思主义理论指导信息社会的实践活动更具针对性。

第二，虚拟需要论的研究有利于构建科学的需要理论体系。人的需要体系是一个完整的、开放的和不断发展的体系，随着信息社会的发展，人的需要一定会随着社会的发展而发生变化。信息社会人们的虚拟生存成为一种新的生活方式，新的生活方式的出现必然会产生新的需要，虚拟需要的产生正是由于人们新的生产和生活方式的出现。虚拟空间是一种不同于现实世界的存在，因此人们在虚拟世界的各种需要既有现实需要的特征，同时又表现出与现实需要迥异的特性。关于虚拟需要的研究填补了马克思需要理论关于信息社会的需要问题研究的空白，使人的需要体系更具时代性和完整性。

第三，虚拟需要论的研究有利于深化对于人的认识。需要问题作为研究人的问题的重要一环，必然会加深我们对于人的认识，马克思需要理论自产生以来一直与人的解放、人的价值、人的异化等问题紧密相连，可以说马克思需要理论对人的问题进行了科学的认识和客观的解答。对虚拟需要的研究同样如此，对信息社会的需要问题的解读同时也是对信息社会中人的相关问题的回答。信息社会人的本质出现了许多新的特征，这些由信息爆炸所带来的人的变化不仅为人的本质的研究增添了新的内容，更为我们研究人在新的社会环境中所表现的本质特征提供了契机。因此本书在马克思需要理论的基础上对虚拟需要问题的研究有助于进一步深化关于人的认识。

第四，虚拟需要论的研究有助于实现哲学的“虚拟转向”。哲学的“虚拟转向”即哲学应更多地关注、研究虚拟及与虚拟相关的问题，目前哲学界关于虚拟问题或者虚拟需要问题的研究较少，应该说与虚拟相关的问题并没有受到哲学界的普遍关注。虚拟性作为人的活动的一种普遍的特性，是对人的现实性的一种超越。尤其是计算机技术、网络技术的出现，使虚拟性成为具有纯粹虚拟性的实践形态。因此，哲学工作者不应该只把目光集中在人的现实实践活动上，更应该把握人的虚拟性特征、研究与虚拟有关的问题，从而实现哲学的“虚拟转向”。

（4）虚拟需要论作为关照现时代的人的需要问题的理论，必然与社会现实问题紧密相连。因此虚拟需要论的研究对于马克思主义理论与现实问题的对接、对于指导信息社会人们的实践活动具有重要的现实意义。

第一，虚拟需要论的研究有助于解决关于人类生存和发展的许多现实问题。虚拟需要的研究丰富和发展了马克思需要理论，使马克思需要理论具有了信息时代的特征。在信息社会，人们的生存方式和生活方式发生了巨大变化，虚拟生存成为一种新的生活方式。这种生活方式的改变给人类的生存和发展也带来了许多现实问题。虚拟需要论主要通过研究信息社会的需要问题来实现人的全面自由发展，因此，对虚拟需要论的研究是人类生存和发展的必然要求。关于需要问题的研究虽然着眼于人的需要问题，但其最终目的仍是实现人的生存与发展的要求。马克思说：“个人怎样表现自己的生命，他们自己就是怎样。”①我们也可以认为个人有什么样的需要，就决定了他就会有什么样的发展。虚拟需要的产生正是信息社会人们对于自身生存和发展的要求和意愿，对于虚拟需要的选择也是为了实现主体自身的发展。随着社会的不断发展，人们的需要也在不断地发展变化，虚拟需要的研究是我们把握信息社会人的发展的重要途径，也是人们必须面对的重大现实问题。

第二，虚拟需要论的研究是提升关于人的本质认识的根本要求。马克思指出：“人的本质不是单个人所固有的抽象物，在其现实性上，它是一切社会关系的总和。”②研究和探索人的本质，不能把人看作孤立的

① 中共中央马克思恩格斯列宁斯大林著作编译局．马克思恩格斯文集：第1卷[M]．北京：人民出版社，2009：520.

② 中共中央马克思恩格斯列宁斯大林著作编译局．马克思恩格斯选集：第1卷[M]．北京：人民出版社，2012：139.

对象，而应把其放在社会关系中进行理解。人的需要可以说是人的本质的一个表征，人们通过自身需要的满足来实现人格的全面发展，进而实现人的本质的提升。这里所说的人也有特定的含义，不是通常认为的“处在某种虚幻的离群索居的和固定不变状态中的人，而是处在现实的、可以通过经验观察到的、在一定条件下进行的发展过程中的人”①。在马克思看来人的本质是一个能动的变化过程，他批判费尔巴哈仅仅把人看作“感性对象”的观点，认为费尔巴哈“没有看到现实存在着的、活动的人，而是停留于抽象的‘人’”②，因此研究人的本质必须关注人的现实性前提。信息社会的发展改变了人们的生产方式和生活方式，使人们所处的社会关系发生了巨大的变化，尤其是虚拟社群的出现使人们的交往打破时空的界限，呈现出更加复杂的状态。人们在虚拟空间的生存和发展状况都可以通过虚拟需要反映出来，虚拟需要成为信息社会人的本质发展状况的表征，虚拟需要论的研究也成为提升人的本质的现实要求。

第二节　需要理论的研究现状

一、国外研究现状

在国外关于需要问题的研究主要集中在三个方面：一是关于信息社会人的需要问题的研究。西方马克思主义者从社会批判的角度对信息社会进行深度剖析，在对信息社会的需要问题的研究中出现了许多极具影响力的研究成果，这些研究的侧重点在于分析信息社会人的需要的各

① 中共中央马克思恩格斯列宁斯大林著作编译局．马克思恩格斯选集：第 1 卷 [M]．北京：人民出版社，2012：153.

② 中共中央马克思恩格斯列宁斯大林著作编译局．马克思恩格斯选集：第 1 卷 [M]．北京：人民出版社，2012：157.

种特征以及产生的根源。二是关于马克思需要理论的研究。以艾格妮丝·赫勒[①]为代表的布达佩斯学派对马克思需要理论进行了深入剖析，提出了激进需要的概念。另外针对马克思需要理论，萨特和弗洛姆从各自的立场和角度出发也对需要问题进行了深入研究。三是心理学、社会学和人类学领域内关于人的需要问题的研究，其中人本主义心理学家马斯洛的需要层次理论最为著名。

1. 关于信息社会人的需要问题研究

随着信息社会的不断发展，西方马克思主义者对信息社会的研究也在不断深入，以马尔库塞、让·鲍德里亚[②]和马克·波斯特为代表的西方马克思主义者，在对当前信息进行社会批判的同时，都注意到了信息极度膨胀所带来的人的需要的变化。马尔库塞提出了真实的需要和虚假的需要的区别，鲍德里亚更是认为信息社会人的需要都被打上了“符号化”的烙印，而波斯特对信息社会所带来的新变化更为敏感。他错误地认为马克思的生产方式概念难以解释信息社会中出现的新的社会现象，因此试图用“信息方式”概念取代马克思的“生产方式”概念。但事实上波斯特所谓的“信息方式”仍然属于生产力和生产关系的范畴，马克思主义理论能够对其作出科学的解释。但这一切在很大程度上反映出西方马克思主义者对当前信息社会人的需要问题的重视。

（1）“真实的需要”与“虚假的需要”之分

马尔库塞认为资本家为了实现技术形式的统治，就需要不断地制造需要进而满足人的需求。这就涉及真实的需要和虚假的需要问题。在他看来，流行着的大多数需要都是虚假的需要，比如根据广告宣传而进行

① 也可译作“阿格妮丝·赫勒”。

② 也可译作“让·博德里亚尔”。

的休息、娱乐、消费等，都属于虚假的需要的范畴。这样的需要具有以下特点：一是它具有社会的内容和功能；个体的需要本来应该首先考虑满足个人的利益，以个体作为价值判定的尺度，然后再由内而外地为社会的需要和利益服务。但是虚假的需要首先考虑的是维护“特定的社会利益”，然后再由外而内地把这种需要强加在个人身上。二是它取决于个人无法控制的外力，它的满足和发展完全受外力支配，这种需要的产生不是由内而外地产生，而是由外界信息的影响进而内化为个人的主观需要。相反，对于真实的需要，他没有给出明确的定义，但却给出了一些实例，又如那些无条件地要求满足的需要，又如在可以达到的物质水平上的衣食住行用，或者自由、爱、解放、审美等。

当然，这两种需要的区分是具体的、历史的，因时因地而改变。客观条件不同，这两种需要的标准也就不同。他给出了一个判定客观条件的标准，也就是“根本需要的普遍满足”和“辛劳、贫困的逐渐减轻”。他也承认，关于如何区分真实的需要和虚假的需要，最根本的途径还应该回归到个人，由个人来做出判断，但是在当前的条件下个人并不具备判断的条件。用他的话讲，“只要他们仍处于不能自治的状态，只要他们接受灌输和操纵（直到成为他们的本能），他们对这一问题的回答就不能认为是他们自己的”①。这就像吸食毒品的人，虽然毒品能够给他带来暂时的刺激和快感（在这种表象下是一种伤害），但他对毒品的需要并不是一种真实的需要。人们在这种虚假的需要的刺激下越陷越深、无法自拔，不想、不愿意从这种有好处的、舒适的状态中摆脱出来，所以真实的需要得到有效遏制，这也是发达工业社会的一个显著特征。通过遏制真实的需要，不断刺激虚假的需要，过度生产，再过度消费，社会控制的目的就达到了。比如，他有一个概念叫作“阶级差别的平等化”，即不同的阶级在消费面前平等。工人和老板可以看一样的电视节目，消

① 赫伯特·马尔库塞. 单向度的人：发达工业社会意识形态研究[M]. 刘继译. 上海：上海译文出版社，2008：7.

费一样的商品。这种情况并不是说阶级差别不存在了，阶级消失了，而是说，在意识形态下它产生了这样一种作用：在现存制度下，各种人分享着用以维持这种制度的需要和满足，“人们似乎是为商品而生活”。马尔库塞关于真实的需要与虚假的需要的区分深刻揭露了发达工业社会人们的需要被操纵、被控制的状况，但是与马克思需要理论相比，马尔库塞没有对如何遏制虚假的需要进行深入的剖析，因此他的需要学说缺乏革命性和彻底性。

（2）符号化的需要

鲍德里亚通过对原始社会“库拉”与“夸富宴”的考察分析得出结论，最初关于物的消费并不是为了满足个人的经济需要，而是为了满足部分人彰显等级和抬高声望的需要。因此商品和物的生产也不是单纯为了生产和交换，而是出于划分社会等级的需要。在鲍德里亚这里，物的使用价值完全沦为象征性交换价值、社会回馈价值、竞争价值与阶级区分价值的附庸，“使用价值被交换价值所埋葬”[①]，并由此出现了“炫耀性消费”。鲍德里亚认为在消费社会，商品的生产基于这样一种理念，即在商品生产之前“需要必须被假定为已经存在于人的内心之中了”[②]。在这里，对某种商品的需要被由外而内地灌输到消费者心中，需要被理性化奴役，其强制理性化成为常态。需要是每一个社会的特殊历史的功能与文化，人的需要不再是一种单纯的自然偏好，它通过“暗示、入侵、相互作用、同化或者渗透的方式”被打上社会历史或者文化的烙印。

鲍德里亚认为单纯地谈论需要理论并没有意义，因为需要具有意识形态性，总是被社会文化和政治所掌控。乍看起来，“需要理论”似乎没有什么意义，只有研究那些带有意识形态色彩的需要概念的理论才有

① 让·鲍德里亚．符号政治经济学批判 [M]．夏莹译．南京：南京大学出版社，2015：187.

② 让·鲍德里亚．符号政治经济学批判 [M]．夏莹译．南京：南京大学出版社，2015：74.

意义。[①]在此基础上，他把需要分为基本需要和次级需要，基本需要对应着人的基本生存条件，超越了人的基本生存，人就不知道自己究竟需要什么，这时的需要更容易被操控和异化。超越了基本生存之外的需要成为社会再生产过程的推动力，也可以说，需要的存在是因为社会生产体系要求他们存在。鲍德里亚关于符号化的需要的论述把社会生产过程中需要被奴役的状况揭露得淋漓尽致，尽管在用词上与马克思的异化需要不同，但是其实质仍然是一种需要的异化，只是在异化之外为需要增添了符号化的标签。

鲍德里亚关于“符号化的需要”的论述在很大程度上可以帮助人们理解消费社会需要的本质，但是不容忽视的是鲍德里亚关于需要的研究同样具有自身的局限性。他从“物体系”的论述出发进而过渡到关于“需要体系”的研究，没有区分作为“目的”的需要与作为手段的“需要”，在此基础上否定所有的需要在现实性上的存在地位。

（3）波斯特的“信息方式”概念与需要

与马尔库塞和鲍德里亚不同，波斯特从分析信息社会交流媒介的变化入手，对当前社会新的交流媒介进行研究，认为对于这种新的电子化的交流方式，必须建立一种新的理论来适应社会互动的新形式，因此提出了信息方式这一术语。波斯特的信息方式借用了马克思最经典的“生产方式”概念，马克思的“生产方式”不仅成为划分社会发展的不同阶段的标志，同时也强调生产方式的决定性因素。而波斯特同样认为符号的交换方式也可以作为区分社会历史发展阶段的指标，而信息在当前社会也具有决定性的作用，更有甚者把信息上升到拜物教的高度。波斯特在研究不同社会发展阶段的信息交换方式之后，认为每种信息交换方式都隐含着意义的内部结构和外部结构，电子媒介交流的方式最主要的特点就是自我去中心化、分散化和多元化。波斯特把后结构主义理论引

① 让·鲍德里亚．符号政治经济学批判[M]．夏莹译．南京：南京大学出版社，2015：85.

入传播史研究，开创了一个新的研究方向。波斯特认为由于电子信息交流方式的变革，符号、语言和交流的意义暧昧不清，真实和虚拟的界限在这种暧昧不清的波光中渐渐模糊，语言的表征特性变得尤为脆弱。“信息方式中，主体要想辨明能指流‘背后’的‘真实’存在已越来越难，甚至可以说毫无意义。”[①]通过对广告的分析，波斯特认为信息方式下的媒体领域，通过对消费者主体进行语言的构建，逐渐操控了消费者的需要，使需要成为被动的消费主义的奴隶。还有一种观点认为波斯特的“信息方式”就是马克思的生产的技术方式。把信息看作生产力的一种形式，信息社会中科技信息扮演着重要的角色，已成为生产力的一部分。这样看来信息方式的说法符合马克思的唯物史观，并且丰富和发展了马克思主义理论。从这个意义上讲，要推进马克思主义理论的研究，必须要关注当今的科技新发展。马克思主义理论也是不断丰富和发展的，需要对最新的社会现象进行分析。虽然波斯特没有提到“虚拟需要”一词，但是在他的理论中暗含着“虚拟需要”的萌芽。波斯特由于自身的局限性，在分析马克思的生产方式概念时对马克思的观点断章取义，没有真正理解马克思生产方式概念的内涵，因此他的社会批判理论很不彻底。

2. 关于马克思需要理论的研究

国外关于马克思需要理论的研究成果很多，其中最为著名的是布达佩斯学派的赫勒。她在《马克思的需要理论》（*The Theory of Need in Marx*）一书中把分散于马克思经典著作中的关于需要问题的论述系统整合在一起，从形成、内容、地位和作用等方面对马克思需要理论进行了深入研究，使马克思关于需要问题的研究成为一个系统的理论

① 马克·波斯特. 信息方式：后结构主义与社会语境 [M]. 范静哗译. 北京：商务印书馆，2014：22.

体系。由于赫勒是卢卡奇的学生，其思想多受卢卡奇的影响，也有人认为赫勒的激进需要思想来源于卢卡奇的物化理论。此外弗洛姆、萨特都从各自不同的角度对马克思需要理论进行了研究，形成了各自独立的见解和观点。

（1）马克思需要理论的相关研究

关于马克思需要理论的研究最为系统的是以赫勒为代表的布达佩斯学派。赫勒把马克思关于需要问题的研究系统整合在一起，形成了系统的马克思需要理论。她认为马克思对政治经济学所做出的贡献都建立在需要的概念之上，需要概念在马克思的政治经济学中占据着重要地位，马克思在需要的概念的基础上形成了自己最为卓越的剩余价值理论。但是马克思对需要概念的使用不仅仅局限在经济学领域，在马克思的哲学思想、革命思想中需要概念发挥着更加重要的作用。《1844 年经济学哲学手稿》以及《德意志意识形态》完成之后，马克思对需要问题的研究开始初步系统化。他对资本主义社会的需要异化的现象进行了深刻揭露，认为“在国民经济学家看来，社会是市民社会，在这里任何个人都是各种需要的整体，并且就人人互为手段而言，个人只为别人而存在，别人也只为他而存在”[①]。马克思在这里把需要的概念从经济学中抽离出来，赋予其更深刻的哲学含义。赫勒认为马克思为了彻底批判资本主义的异化需要的状况，必须对“非异化的需要”范畴进行论述，因为只有“非异化的需要”范畴存在，才能使自己的理论更有说服力。而马克思“自由人的联合体”思想就是马克思对“非异化的需要”范畴的解答。在“自由人的联合体”中，劳动不再是谋生的手段，而成为人的一种需要，劳动彻底摆脱了异化的桎梏，也使“非异化的需要”具有可能。赫勒在论述自己的激进需要概念时，表现出了深受马克思需要思想

① 中共中央马克思恩格斯列宁斯大林著作编译局. 马克思恩格斯文集：第 1 卷 [M]. 北京：人民出版社，2009：236.

影响的一面，她认为“那些超越了以附属和等级为基础的社会的人是那些具有激进需要的人，他们是这样的一些人，其有意识的需要不能被这些需要所形成于的社会所满足。为了满足他们的需要，这些人必须通过建立‘合作生产者社会’来超越他们特定的社会”①。赫勒的“合作生产者社会”概念无疑脱胎于马克思的“自由人的联合体”概念，这就说明赫勒在研究激进需要如何实现的问题上与马克思保持了高度一致，甚至可以说她的思想直接来源于马克思。

但是与马克思的观点相比，赫勒把需要放在了自己理论的最重要地位，她把资本主义社会的主要问题归结在人的需要的异化上面，而不是从资本主义自身的主要矛盾出发去寻找原因。为了摆脱人的需要的异化，必须打破现有的资本主义制度。这一理论出发点就注定了赫勒的激进需要理论始终是一种空想的、极具浪漫主义色彩的理论，给人以本末倒置之感。激进需要理论因缺乏历史唯物主义原则一直受到广泛批判，但是赫勒对马克思需要理论的贡献也不容忽视。

此外，布达佩斯学派也推进了对人的需要理论的研究，尤其在关于人的需要如何生成以及如何满足方面作用最大。赫勒通过对本能、感觉、需要、道德、人格和历史六个方面的研究，尝试建立一种新的人类社会学②，把需要作为研究人的问题的核心。针对马尔库塞“真实的需要”和“虚假的需要”的区分，赫勒从本体论、伦理学和政治学的角度进行了分析批判。从本体论的角度出发，赫勒认为这种分类本身就是不科学的，这种划分的前提是有人知道何为真实的需要与虚假的需要，它将判断者推向神的地位，本身就是不恰当的。因为判断者本身不能超越他所处的社会，他的意识也是社会的产物。“没有哪位‘真实的’和‘虚

① 凯特琳·勒德雷尔．人的需要[M]．邵晓光，孙文喜，王国伟，等译．沈阳：辽宁大学出版社，1988：241-242.

② 衣俊卿．人的需要及其革命：布达佩斯学派“人类需要论”述评[J]．现代哲学，1990，(4)：67-72.

假的’需要理论的倡导者能严肃地正视一个人如何会知道他的意识是否是一种偶像化意识这样的问题。”[①] 赫勒认为人的每一种需要都必须加以承认，不应区分“真实的”和“虚假的”需要，因为这不仅牵扯到对虚假需要的否定，还会“使得每一决定人们的需要的独裁得以建立”[②]。根据上述观点，所有的需要都是现实的，那么是不是每一种需要都具有实现和满足的权利呢？这就涉及伦理学的相关理论。赫勒认为“除了那些其满足将使人变成其他人的纯粹的工具的需要之外”[③]，其他的需要都应该得到承认和满足。

（2）与马克思需要理论有关的其他解读

哲学历来把人的问题作为自己关注的重要对象，这也体现了哲学对人的终极关怀。但是关于人的问题不同流派的哲学家始终处于各种争论之中，他们关于人的认识总是停留在对具体问题的解答上面。马克思开创了关于人的研究的新的视角，他从需要的角度入手，找到了研究人的问题的科学方法。此后的许多哲学家都从马克思主义的理论和方法入手去研究人的问题，形成了许多极富思想性的成果。

在马克思需要理论的影响下，萨特从存在主义的视角出发对人性问题进行了深入的研究。萨特早期的自由哲学中充满了对人的自为存在的绝对自由的渴望，这种渴望也是人对于掌控自身的一种期许，但是由于自在和自为本身的内在规定性，这种渴望对人来说只是一种奢求，是永远到达不了的彼岸世界。因此为了摆脱这种绝望，萨特把目光投向马克思需要理论，企图从马克思需要理论中找到答案。他吸收了马克思关于

① 凯特琳·勒德雷尔．人的需要[M]．邵晓光，孙文喜，王国伟，等译．沈阳：辽宁大学出版社，1988：230.

② 凯特琳·勒德雷尔．人的需要[M]．邵晓光，孙文喜，王国伟，等译．沈阳：辽宁大学出版社，1988：231-232.

③ 凯特琳·勒德雷尔．人的需要[M]．邵晓光，孙文喜，王国伟，等译．沈阳：辽宁大学出版社，1988：236.

人学研究的宏观视角，把它运用到存在主义的“微观人学”之中，试图建立辩证的“历史人学”。萨特在这里完全采纳了马克思关于人的问题研究的需要视角，以人的需要为立足点对社会历史进行考察，在对人的需要等问题的研究上也完全承袭马克思主义理论。从这个意义上讲，萨特的需要学说极具进步意义。但是由于其存在主义的立场，对需要问题的研究还是具有局限性，他虽然也看到了人的需要的异化现象，但是并没有对异化的需要与现实的需要进行区分，因此使他“完善的人”的思想只能处于空想阶段，而没有实现的现实基础。

在与马克思需要理论的关系上，弗洛姆的需要学说无疑与马克思主义理论的关系更加紧密。弗洛姆心理学家和哲学家的双重身份使他的哲学理论充满了心理学的色彩。作为弗洛伊德的追随者，弗洛姆毕生的理论追求就是把弗洛伊德主义和马克思主义相结合。弗洛姆认为全面发展的人不仅应该懂得爱的意义，还应该具有理性的特征，只有这样的人才能建立起道德价值。弗洛姆对于人性的看法回归到了古希腊时期，相对于马克思关于人的本质的认识是一种观念上的倒退。他认为资本主义社会病态的原因主要是它不符合人性和人的需求，据此他提出了人有五种需求：相属需求、超越需求、落实需求、统合需求、定向需求。这五种需求不能满足，从而导致了一种“性格的动力倾向性”，其中的前几种倾向性会导致资本主义社会和人的病态，而最后一种创造倾向性则会促进人的全面发展。弗洛姆关于人性的学说虽然具有合理成分，但是由于其心理学的背景，在看待问题时总是不可避免地打上心理分析的烙印，在他对异化问题的理解上就可见一斑，他把异化的本质看做一种心理体验。在关于人的问题的研究上，弗洛姆虽然吸收了马克思需要理论的观点，但是他没有借鉴马克思社会革命理论，所以他的需要学说在实现上只能是一种假说，缺乏有效途径。

3. 心理学、社会学和人类学领域内关于人的需要问题的研究

人的需要问题是一个多学科共同关注的课题，在哲学之外，心理学、社会学和人类学等都从自己学科的角度出发对需要问题进行了深入的研究，产生了许多具有深远影响力的理论，成为我们研究虚拟需要论可资借鉴的宝贵资源。

（1）马斯洛需要层次理论

心理学由于其自身的学科优势，在研究关于人的问题方面成果显著，其中最有影响力的当属马斯洛需要层次理论。在他最著名的两部著作《人的动机理论》和《动机与人格》中，马斯洛完成了他关于人的需要层次理论的建构。他创造性地将行为主义心理学、弗洛伊德心理学和人本主义心理学巧妙而完美地结合在一起，对需要的层次进行分类排列。马斯洛把需要分为生理需要、安全需要、归属和爱的需要、自尊的需要、自我实现的需要五个需要层次。之后又对需要的层次理论进行补充，在自尊的需要与自我实现的需要之间增加了认知的需要和审美的需要，使需要层次理论更加富有逻辑性。但是也有一种看法认为，马斯洛并没有明确地把认知的需要和审美的需要纳入需要的层次体系之中，尽管他认为这两种需要都非常重要。此外，在基本需要的层次之外，马斯洛还提出了优势需要的主张，他认为"人同时具有多种基本需要，但在不同的时候，各种基本需要对人的行为的支配力是不同的，在所有的基本需要中，对人的行为具有最大支配力的需要就是'优势需要'"[①]。所有的需要都可能转化为优势需要，一旦某种需要转化为优势需要，那么它就很容易转化为现实的动机。

马斯洛需要层次理论容易给人以一种这样的错觉，即只有当一种需

① 亚伯拉罕·马斯洛. 动机与人格 [M]. 3 版. 许金声，等译. 北京：中国人民大学出版社，2007：12.

要得到满足之后，另一种需要才会产生。但问题的关键在于：是不是只有前一种需要百分之百得到满足，下面的需要才会出现？针对这样的质疑，马斯洛认为任何需要的产生都是有一定过程的，“这种出现并不是一种突然的、跳跃的现象，而是缓慢地从无逐渐到有”①。马斯洛认为需要的产生和满足都是一个渐进的过程，一种需要变成优势需要得到满足之后，另外一种需要才会逐渐发展成优势需要。马斯洛虽然对需要满足的规律进行了解释，但是由于其理论并不严谨，仍然受到了许多质疑。尤其是对于某些需要层级的跳跃问题，其需要层次理论并不能做出科学的解释。马斯洛需要层次理论关于低级需要和高级需要的概念与马克思需要理论不谋而合，他们都认为新需要的产生应该建立在其他需要的满足的基础上。马斯洛认为“任何需要的满足所产生的最根本的后果是这个需要被平息，一个更高级的需要出现”②。马克思也认为：“已经得到满足的第一个需要本身、满足需要的活动和已经获得的为满足需要而用的工具又引起新的需要。”③同时他们都把人的需要与人的发展结合在一起，认为生理需要之外的高层次的需要是人与动物的根本区别。在这一点上，马斯洛需要层次理论与马克思需要理论具有相似性。

马斯洛需要层次理论使人们对需要的了解更加具体和深入，也符合人们的普遍经验，因此被大多数人所接受。但是对于马斯洛需要层次理论的批评声也不绝于耳。主要集中在以下几点：首先，认为马斯洛需要层次理论的前提是抽象的人，没有考虑人们所处的社会历史条件；其次，认为马斯洛需要层次理论对于需要的层次划分过于绝对化，其各个层次间的需要递进过于机械；最后，还有一部分人质疑马斯洛需要层次

① 亚伯拉罕·马斯洛．动机与人格[M]．3版．许金声，等译．北京：中国人民大学出版社，2007：37.

② 亚伯拉罕·马斯洛．动机与人格[M]．3版．许金声，等译．北京：中国人民大学出版社，2007：43.

③ 中共中央马克思恩格斯列宁斯大林著作编译局．马克思恩格斯选集：第1卷[M]．北京：人民出版社，2012：159.

理论本身，认为其关于需要理论的层次划分不科学。关于马斯洛需要层次理论的质疑虽然很多，但是依然不能低估其带来的巨大影响。可以说自其问世以来一直是心理学领域最具影响力的需要理论，对于我们今天研究信息社会的需要理论依然具有重要的理论意义。

此外，在心理学领域还出现了许多关于需要的理论研究，如奥尔德弗的 ERG 需要理论、赫茨伯格的“双因素激励理论”、麦克利兰的“成就需要理论”等，这些理论要么是对人的需要进行重新分类，要么是对马斯洛需要层次理论进行重新解读，都难以摆脱马斯洛需要层次理论的框架体系的影响。心理学由于其独特的学科优势，在关于人的问题的研究上采用了大量的实证分析的方法，使其理论更具说服力也更容易被大多数人所接受。但是从另一个方面讲，其缺点也是显而易见的。人作为研究对象在心理学家看来是完全没有阶级和社会的烙印的，是完完全全的自然人，因此，心理学的研究结果必然也是脱离社会实践的，缺乏历史唯物主义的视角。

（2）人的需要的其他解读

关于人的需要问题的研究还集中在社会学、人学等领域，不同的学科对于人的问题的研究侧重于不同的方面。社会学关于人的问题的研究着眼于社会问题的研究和解决，因此其对于人的需要问题的分析主要从需要与社会实践的关系入手。莱恩·多亚尔和伊恩·高夫所著的《人的需要理论》一书就是社会学领域研究人的需要的代表之作。他们从经济学、马克思主义、文化学、现象学的角度出发对需要的合理性进行研究，以此来证明人的需要的社会合理性，并建立社会学的需要理论。社会学的需要理论从分析人的基本需要入手，探讨满足基本需要所需的社会前提条件。多亚尔和高夫在研究的过程中，还分别就尤尔根·哈贝马斯和罗尔斯的观点进行了评价，同时对罗尔斯正义论的观点进行了修正，“哈贝马斯和罗尔斯没有试图根据以往的经验确定具体的水平，他们两人相互支持，共同坚守某些基本规则，只要结果是理性而正义的。这种做法强化了两者道德观的可行性，并且为个人差异和偏好留下了广阔的空间”①。由哈贝马斯、罗尔斯的观点就可以看出，社会学关于需要问题的研究的目的在于保证实现社会的公平正义，力争制定出能够保障最优化需要满足的相关政策，从而推动社会的进步。“我们已经看到，关于需要的定义本身或者满足需要的基本供应方式，无论什么地方存在根本性冲突，都需要通过民主辩论、根据现有的最好的技术和实践认识而进行合理的评价。”②

需要问题也是人学关注的焦点问题。凯特琳·勒德雷尔主编的《人的需要》一书是从人学角度研究人的需要的重要著作，同时赫勒的《人的本能》《文艺复兴的人》、马斯洛的《人的动机理论》也从不同的侧面对需要问题进行了深入的论述。《人的需要》一书是关于需要问题的论文集，其中收录了奥托·克兰伯格、约翰·加尔通等人的多篇论文，这些论文以人的需要为中心，从人学的角度论述了关于需要的概念、需要和动力、人的基本需要的基本问题等多个问题，为我们理解人的需要问题拓展了全新的人学视角。

二、国内研究现状

在国内关于需要问题的研究一直是理论界的热点，同时关于马克思需要理论的研究成果也层出不穷。马克思主义人学研究一直把马克思需要理论作为研究的主要内容，由此也形成了一大批卓有成效的研究成果。尤其是近些年来，随着信息社会的概念日趋深入人心，关于信息社

① 莱恩·多亚尔，伊恩·高夫．人的需要理论 [M]．汪淳波，张宝莹译．北京：商务印书馆，2008：174．

② 莱恩·多亚尔，伊恩·高夫．人的需要理论 [M]．汪淳波，张宝莹译．北京：商务印书馆，2008：387．

会人的需要问题的研究也成为新的理论热点。对于国内研究现状的梳理从以下三个方面进行：第一是关于需要自身问题的研究现状梳理；第二是关于马克思需要理论的现状梳理；第三是关于信息社会人的需要问题的研究现状梳理。

1. 需要自身问题的研究现状梳理

国内关于需要自身问题的研究成果颇多，学者们对需要的概念、特征、层次类别、发展和实现等方面都进行了深入的研究，力图建立起关于需要理论的完整体系。

（1）需要的概念

关于需要概念的讨论一直处于不断争论的状态，许多学者都从不同的角度对需要概念进行过界定，但是仍然没有一个统一的结论。从古希腊的哲学家伊壁鸠鲁开始，需要问题一直被哲学家所关注。黑格尔、马克思都对需要问题进行过论述，但是都把需要当做自明性的概念使用，对它的内涵和概念并没有进行准确的界定。国内的学者在关于需要概念的界定上形成了许多观点，概括起来有目标说、关系说、反映说、动态说四种观点。目标说认为需要是人对于某种目标的欲望和渴求，是人为了实现某种目标而表现出的某种心理状态；关系说认为需要是人对客观事物的一种依赖关系；反映说则认为需要是有机体对内部环境和外部生活条件的要求在人脑中的体现；动态说认为需要是人为了维持内部及其与环境平衡状态而产生的一种动态依赖关系和倾向，是人为了维持自身的延续和发展而产生的对外界事物的各种要求。在这四种学说之外也有学者认为关于需要的概念应该有更多，赵士发就认为目前学术界关于需要概念的界定至少有七种倾向，除了上面几种之外，还应该加上状态说、欲望说和生存说[①]。概括这几种说法，分别是从心理学、社会学和哲学等学科角度对需要概念的界定，虽然说法各异，但是其共同点也很明确：首先，他们都肯定人是需要的主体；其次，都认识到了需要的主体与对象之间的依赖或共存的关系。

（2）需要的特征

关于需要的特征也有争论，大部分学者认为需要的特征具有客观必然性、主观能动性、社会历史性、相对层次性以及丰富完善性。这部分学者主要是从需要的主体角度出发，联系人本身的特性来论述需要的基本特征。其中客观必然性、主观能动性和社会历史性是需要的最主要特征，客观必然性是指需要的产生和需要的内容都具有客观性；而社会历史性是指人的需要的产生、发展都与一定的社会历史条件有关；主观能动性则强调了人在需要体系中的重要作用。这种关于需要特征的概括代表了大多数学者的观点。

但是也有一部分学者从人与动物的区别出发，认为需要的特征应该成为区分人与动物的标志。这部分学者认为需要的特征首先应该是超越肉体的，由人自己掌控的；其次认为人的需要较之动物狭隘的需要，应该是丰富和无限的；在此基础上，由于人的需要应该通过实践来完成，所以强调了人对于社会实践的需要。关于需要特征的论述虽然有争论，但是在总的观点上还是具有一定的共性的。

（3）需要的层次类别

国内的学者在关于需要的层次类别这一问题上受马斯洛需要层次理论的影响较大，因此，在需要的层次类别上也都是在马斯洛需要层次理论上进行讨论和修补，同时就马斯洛需要层次理论中存在的人本主义倾向、理论的机械性也都进行了不同程度的批判。其中王伟光认为马斯洛

① 赵士发．关于人的需要问题研究综述 [J]. 社会科学动态，1999，（4）：5-7.

需要层次理论对人的需要的种类进行了细致的划分，把人的需要按照从低级到高级的顺序进行了区分，对于我们科学地认识需要具有重要的理论意义，但是马斯洛需要层次理论研究需要的视角是个人行为发生学，因此他的需要层次理论具有一定的局限性。在此基础上王伟光提出了自己关于需要的分类，他把需要分为自然需要和社会需要、个体需要和社会整体需要、物质需要和精神需要、生产需要和生活需要、现实需要和理想需要。[①] 可以看出王伟光的分类是把需要当作一个社会历史的范畴来进行的，因此具有一定的进步意义。此外还有学者从历史唯物主义的角度出发提出了新的需要层次理论，比如陈志尚和张维祥就主张把需要分为生存、情感、服务、社会、享受、发展六种需要[②]。

（4）需要的发展和实现

关于需要的发展和实现，几乎所有的学者都认为需要与人的发展密切相关。赵长太认为人的需要就是人的本质，同理人的需要发展也是人自身的发展。在这个意义上，他用人的需要与人的发展之间的统一关系来说明人的需要与人的发展之间的密切关系，认为人的本质与人的需要是一致的，人的需要愈丰富，人的本质力量就愈强大。但他同时也否认所有的需要都能促进人的发展，认为需要也有合理与不合理之分，合理需要对人的发展有促进作用，反之，不合理的需要对人的发展毫无益处，在此意义上个人的发展就是需要的多样性发展。[③] 这也正符合马克思主义人学理论的视角，从人的需要出发去考察人的发展和人的完善。更有学者据此认为人的需要即人的本性是马克思主义理论的应有之义，王全宇就把马克思关于需要问题的论述进行了三重解读，即人直接的是自然存在物、人是社会存在物、人是自由的有意识的活动存在物，由此

① 王伟光．论人的需要和需要范畴 [J]．北京社会科学，1999，（2）：47-53.

② 陈志尚，张维祥．关于人的需要的几个问题 [J]. 人文杂志，1998，（1）：20-26.

③ 赵长太．需要与人的发展 [J]．理论月刊，2005，（9）：50-52.

得出人的需要即人的本质的断言[①]。同时在关于需要的实现问题上，几乎所有的学者也都认为生产实践活动是实现需要的最有效途径。人作为自然存在物和社会存在物，必然具有各种自然需要和社会需要，而要满足这些需要，就必须进行各种生产实践活动，以便使外界自然物发生符合自己需要的形式变化，从而满足自己的需要。

2. 马克思需要理论的现状梳理

（1）马克思需要理论自身的研究现状梳理

关于马克思需要理论自身的研究一直受到学者们的重视，他们从不同的角度出发对马克思需要理论的理论框架进行探讨。姚顺良就从马克思与弗洛伊德和马斯洛的关系入手分析马克思关于人的需要的理论，他认为人的需要的概念是马克思主义理论研究的重点，但却不是马克思主义理论的出发点。马克思主义理论的出发点是实践，对于需要问题的研究也是建立在实践的基础上的。他还就弗洛伊德和马斯洛的关于需要的心理学研究展开了批判，认为马斯洛需要层次理论具有很大的局限性，由于他不懂得历史唯物论和历史辩证法，其理论不可避免地带有浓厚的空想色彩和明显的“贵族臀印”。[②]徐凤琴则通过对《德意志意识形态》的分析，来厘清马克思需要理论在历史发展中的逻辑思路和现实意义。她认为在《德意志意识形态》中，马克思以社会历史发展为研究视角对需要进行考察，认识到了需要对于社会发展的重要意义，由此形成了完整的马克思需要理论[③]。

① 王全宇. 人的需要即人的本性：从马克思的需要理论说起 [J]. 中国人民大学学报，2003，(5)：30-35.

② 姚顺良. 论马克思关于人的需要的理论：兼论马克思同弗洛伊德和马斯洛的关系 [J]. 东南学术，2008，(2)：105-113.

③ 徐凤琴.《德意志意识形态》中马克思需要理论在历史发展中的逻辑理路和现实意义 [J]. 求实，2014，(5)：4-9.

关于马克思需要理论的形成线索，赵长太也有自己的研究。他认为马克思需要理论的萌芽出现在《莱茵报》时期，在此期间马克思开始关注现实问题，认识到了人们需要的重要性；在《1844年经济学哲学手稿》中，马克思对有关需要的重大问题都进行了研究，比如需要的层次、需要的异化、需要与人的本性等，这一阶段标志着马克思需要理论逐渐走向成熟；他也同样认为在《德意志意识形态》中，马克思开始把需要放在整个社会历史的视野中进行考察，把人的需要当做人类历史的第一个前提，这一时期马克思需要理论基本形成；在随后的《资本论》中，马克思对有关需要的一些具体问题进行了详细的论述，使需要理论得到补充和完善。[①]

对于马克思需要理论自身的一些问题，其他学者比如符戈和曾秀珍[②]、朱志勇[③]等也对此有自己的观点或者看法，他们要么从马克思关于需要的概念的论述入手，要么从马克思关于需要的异化等方面对需要理论进行研究。总的来说，国内关于马克思需要理论的研究已经相当成熟和完善，并且在观点上面没有太多的分歧。

（2）马克思需要理论的运用现状梳理

国内关于马克思需要理论的研究，一方面集中在马克思需要理论自身，另一方面较多地集中在关于马克思需要理论的运用上面。例如，马克思需要理论被运用到不同学科的研究当中，也出现了许多的研究成果。这些研究成果集中表现在三个方面。一是把马克思需要理论与价值哲学的创新联系在一起，针对目前价值哲学的研究陷入了瓶颈期，研究成果多而实质突破少的现状，主张以马克思需要理论为突破口来打开价

① 赵长太. 马克思需要理论形成路径初探[J]. 湖北社会科学，2008，（7）：16-18.

② 符戈，曾秀珍. 学习马克思手稿中的需要理论札记[J]. 福建师范大学学报（哲学社会科学版），1986，（3）：21-22，38.

③ 朱志勇. “人的需要”与需要异化：马克思《巴黎手稿》需要理论探析[J]. 河北学刊，2008，（6）：29-33.

值哲学的研究困境。以需要来定义价值，以需要的发展来促进社会价值观念的改变是价值哲学研究的又一现实路径。二是把马克思需要理论运用到当前的精神文化需要研究之中，认为理解马克思需要理论不应该仅仅只从经济理论的角度出发，还应该看到马克思的科学社会主义理论的重要意义，着重阐发马克思需要理论为当前的精神文明建设所能提供的理论指导。三是从当前我国的经济和文化建设出发，主张在贯彻科学发展观以大力发展经济的同时，还应该坚持以人为本，并将马克思需要理论贯彻到经济和文化研究当中。

总之，在当前关于马克思需要理论的研究中，研究者们已经不仅仅把目光局限于马克思需要理论自身的研究上面，而且把研究的重点放在如何运用马克思需要理论来解决现实问题之上。

3. 信息社会人的需要问题的研究现状梳理

近年来随着信息社会的不断发展，由信息社会所引发的一系列问题越来越受到大家的关注，信息社会中人的生存状态更是引起了大批学者的重视。查汝强认为信息社会就是高度信息化的社会，当前对信息社会的划分是按照与马克思不同的划分标准对社会历史阶段进行的区分。[①]马克思用生产方式的标准把社会划分为原始社会、奴隶社会、封建社会、资本主义社会、社会主义社会，当然我们也可以采取另外的标准来区分不同的社会历史发展阶段。关于信息社会的研究成果很多，肖峰、孙伟平等学者都对信息社会进行了深入研究，只是他们各自研究的角度不同。肖峰从对“信息”概念的释义入手，对信息社会主义、信息消费主义等问题进行了探讨。他认为信息社会主义就是指以信息为技术表征的新社会主义，代表了先进生产力的社会主义。而信息消费主义则是信

① 查汝强. 试论信息社会 [J]. 哲学研究，1986,（3）：32-37，46.

息社会消费主义兴起的产物，是指人们对于信息及其衍生品的一种过量需求甚至畸形与病态的消费活动。[①]

无论信息社会主义还是信息消费主义都代表了当前学者们对于信息社会的种种思考，但是其中最引人关注的还是信息社会人的处境问题。孙伟平认为在当前的信息社会中，人们生活环境的变迁，既创造了人与社会的自由全面发展的新机遇，又对这种自由全面发展提出了新挑战，甚至导致了人的新异化。[②]人们对于信息技术的过度依赖必然会造成人的新的异化，影响个人的全面自由发展。不管是对于信息技术的依赖，还是对于虚拟世界的沉迷，呈现出的都是人的虚拟需要不断强化的状态，这种虚拟需要一方面会促进社会的发展和进步，但是另一方面也会造成一部分人在政治上被“边缘化”、被新经济所排斥，另外还会催生网络成瘾这些心理疾病的出现。孙伟平还着重分析了虚拟交往对人际交往的影响，借助信息技术和手段开展的虚拟交往诚然是人类交往的新模式，有助于人际交往的自由拓展和个体意志的自由表达，但是，如果过度沉溺于虚拟交往，可能在心理上、情感上产生对于虚拟世界的过分的眷恋和过分依赖，从而在现实中变得不善于与人交流，造成人际关系的新障碍。[③]

肖峰对于信息社会人们的生存状况提出了“信息化在场”的概念，自从有了信息手段之后，人的在场方式中就出现了信息化在场，人可以以符号、影像等信息方式展现出来，使符号所指称的对象和影像所依托的实体即使并不在场时，也能使观察者产生一种在场感[④]，这就是信息化在场。他还指出信息技术的发展使数字化虚拟人成为常态。通过对信息社会人的存在状态分析可以看出，虽然学者们没有明确提出虚拟需要的概念，但是

① 肖峰．论信息消费主义 [J]．江西社会科学，2009，(5)：55-62.

② 孙伟平．论信息时代人的新异化 [J]．哲学研究，2010，(7)：113-119，129.

③ 孙伟平．论信息时代人的新异化 [J]．哲学研究，2010，(7)：113-119，129.

④ 肖峰．论人的信息化在场 [J]．中国人民大学学报，2005，(4)：98-104.

在这一系列关于信息社会的研究中虚拟需要的概念也呼之欲出了。

关于信息社会人的需要问题，万健琳从生态马克思主义的角度出发，认为当前社会过度生产和过度消费的现象严重，由此引发了异化消费和异化需要。[①] 他认为之所以产生这些问题，是因为资本主义为了避免经济危机把目光投向消费领域，希望以消费来刺激经济发展。为了扩大消费则通过信息社会的各种传播媒介对人们的需要进行操纵，由此带来了无节制的浪费，最终使生态平衡造成了严重破坏。从生态马克思主义的视角出发来研究人的需要问题，为我们的研究开辟了一条新的路径。

张一兵在对鲍德里亚的《物体系》一书的分析中也谈到了当前社会人们的需要问题。[②] 他通过研究鲍德里亚的思想得出，在当今社会，物的生产不是为了满足人们的使用需要，而是为了被人们再次购买和消费，造成这种现象的原因就是人们的需要被以广告为主的信息媒介所操控，而操控的方式就是通过“无意识的匿名说服”。在这一点上张一兵与万健琳的观点类似。 而人的需要被操纵的状况随着信息技术的发展会愈演愈烈，虚拟技术的出现使人们的虚拟生存状态更为真实，而在虚拟世界中产生的种种虚拟需要势必会影响人们在现实世界中的需要。由虚拟技术构造出来的虚拟世界使人们的需要被操控的状况变得更加隐蔽，虚拟世界和现实世界的界限将变得更加模糊，由此所产生的一系列问题值得我们进行深入研究，这也是本书的主要研究目的。

第三节　如何研究虚拟需要?

本书拟对不同的研究内容采用不同的研究方法。在分析虚拟需要的

① 万健琳．异化消费、虚假需要与生态危机：评生态学马克思主义的需要观和消费观 [J]．江汉论坛，2007，(7)：48-52.

② 张一兵．青年鲍德里亚与他的《物体系》[J]．学术论坛，2008，(11)：1-5，38.

产生及其本质内涵与社会发展之间的关系时，拟采用马克思的“人体解剖”的研究方法。在研究虚拟需要与马克思需要理论之间的内在逻辑关系时，拟采用文献梳理的方法。在分析虚拟需要的现实基础时，拟采用历史与逻辑相统一的研究方法。在综合借鉴西方现有需要理论、总结分析虚拟需要的多重特征时，拟采用跨学科研究的方法和辩证分析的方法。在分析虚拟需要的人学价值时，将采用跨学科的研究方法，综合运用社会学、心理学、马克思主义人学等多学科的相关成果。

1. 对马克思需要理论的研究

需要范畴是马克思唯物史观的一个重要范畴，需要理论是马克思主义理论的重要组成部分之一。马克思讨论哲学、经济学和科学社会主义等问题时，不但科学地阐明了人的需要的性质、分类、特征和满足等问题，而且还对需要与生产、交换、消费的关系以及需要与科学的关系问题进行了细致的分析，逐步形成了马克思需要理论。研究《1844 年经济学哲学手稿》、《德意志意识形态》、《政治经济学批判大纲》和《资本论》第一卷等著作中所包含的马克思需要理论是我们研究西方马克思需要理论和虚拟需要论的理论基础。

2. 对虚拟需要与现实需要本质特性的研究

人的需要既有现实性也有虚拟性。虚拟需要是信息社会人的需要的本质的进一步呈现。按照“人体解剖”的方法研究虚拟需要有利于我们认识人的需要的本质。信息社会中人的现实需要和虚拟需要如何表现，两者之间有何关系是该部分研究的重点。同时，该部分将通过对虚拟哲学中所关注的“虚拟”问题的研究以澄清虚拟的本质特性，再结合马克思需要理论和价值哲学对“需要”概念的界定，对虚拟需要的概念进行界定，从而说明虚拟需要的本质特征。

3. 对虚拟需要的异化和符号化特性的研究

国内外学者对人的需要的异化和符号化特性的研究说明了虚拟需要的一部分特性。卢卡奇、马尔库塞和哈贝马斯对人的需要的研究构成了从“异化”思路研究虚拟需要的研究路径，居伊·德波、鲍德里亚和波斯特的研究则构成了从“符号化”思路研究虚拟需要的研究路径。异化和符号化是虚拟需要的特性的逐步显现，对这两方面特性的研究有利于进一步揭示虚拟需要的本质特性。

4. 对虚拟需要的实现及其人学意义的研究

虚拟需要是对人的需要的本质的呈现。虚拟需要的实现与满足既关系到对需要的本质的理解，也关系到人的生存方式、生存意义等问题。本部分主要研究虚拟需要如何实现和满足，以及虚拟需要对人性、人的生存状况、生存意义的研究有哪些启示。

虚拟需要是信息社会中呈现出的一种客观现象，但理论界对此却没有足够关注。把当前研究中时髦的“虚拟”问题与人的需要问题结合在一起，把“虚拟需要”作为一个研究主题来研究是本书的一个“创举”。本书把马克思“人体解剖”的方法运用到人的需要的研究当中，以此来揭示人的需要的本质，也具有一定的创新性。

就像雇佣劳动的产生让人们能够洞悉劳动的本质，虚拟需要的产生也能够让人们洞察人的需要的本质。本书认为通过对虚拟需要的研究可以揭示出人的需要的本质特征，这相对于以往的研究而言具有一定的创新性。

第二章

什么是虚拟需要

什么是虚拟需要？这是本章要回答的问题。事实上，对虚拟需要的研究存在一个有趣的现象，那就是尽管虚拟需要实际上在现代信息社会当中已经广泛存在，而且已经对人们生活都产生了重要影响，但是，“虚拟需要”这一术语并没有获得它应有的待遇。这表现在，虚拟需要的含义缺乏一个准确的、一致的界定，很多时候人们都在按照自己主观的理解“想当然”地使用这个词汇。甚至于，在哲学的、社会学的、心理学的各种研究资料当中，“虚拟需要”一词的几乎每一次出现，都会有一些新的意思被呈现出来。正是在此种意义上，我们对虚拟需要的研究具有一定程度的开拓性（同时也具有相当的难度），所以，对虚拟需要的界定和说明，对本书而言显得尤为重要。因为，在研究虚拟需要论之前，我们首要的任务是要说清什么是本书所说的“虚拟需要”，哪些需要是能够作为本书研究对象的虚拟需要，即虚拟需要的范围有多大。为此，本章有几个方面的工作要做。一是对人们通常理解虚拟需要时所采用的方法进行分析，并进而指出这种理解的谬误之处。二是依据马克思界定概念的方法，从生产方式入手进行分析，从哲学角度对虚拟需要的含义进行更加科学完善的界定和说明。三是依据我们对虚拟需要的界定，对照它与虚假需要、现实需要、非物质需要等相关易混淆概念的关系，以此来厘清虚拟需要的概念。

第一节 虚拟需要的通常含义

对大多数人而言，“虚拟需要”即便不是一个陌生的词汇，它至少也像“虚拟现实”“虚拟社区”“虚拟空间”甚至“虚拟宠物”一样是一个既新鲜时髦又令人难以把握的词汇。在给出本书对于“虚拟需要”的界定之前，我们先来考察一下人们对于“虚拟需要”一词的通常理解①。人们通常理解虚拟需要的含义，所采取的是一种字面意义的“合取”的方法，也就是通过分别对“虚拟”和“需要”两个术语的意义做出分析和规定，进而把两者的意思复合在一起给出“虚拟需要”一词的通常含义。鉴于这种界定语词意义的方法主要是基于纯粹的语义分析进行的，我们将之称作“语言分析”的方法②。下面我们就先按照这种方法的思路来看一下，“虚拟需要”的通常含义究竟是怎样被创造出来的，由此被创造出来的含义有哪些可取之处及缺陷。

一、“虚拟”、“需要”与“虚拟需要”

按照我们所说的“语言分析”的方法，界定虚拟需要，首先就是要弄清楚虚拟、需要等概念的词源学释义。对于“虚拟”一词而言，确定

① 这里所说的对“虚拟需要”一词的通常理解，指的是当前人们在日常用语中和一些学术研究著作中对“虚拟需要”一词的理解。这种理解带有望文生义的性质，比如，按照“虚拟”和“需要”两个词的意思来理解“虚拟需要”一词的意思。这种做法并不总是有效的，甚至在很多时候会对严肃的学术研究产生误导。

② 这里所说的“语言分析”的方法并不能准确对应和指示分析哲学和语言哲学中所说的语言分析的那种意思。后者的含义要复杂得多，并不是简单地对语词的含义进行梳理、分析和复合，但是它在一定程度上也确实暗含了语言分析的一些方法。这种方法与本书采用的界定虚拟需要的方法是完全不同的，我们将在本章第二节说明两者的不同，以及我们为什么有理由反对这样一种方法。

其意义的一种广泛被采用的方法是在字典中查找其意义。《哲学大辞典》关于虚拟技术和虚拟实在的解释也有助于按照这种方法去理解“虚拟”一词的含义。《哲学大辞典》对虚拟技术和虚拟实在是这样定义的：虚拟技术指“运用计算机再现实在世界或实现可能世界的技术。一种对现实进行数字化处理的计算机综合技术。主要有计算机模拟技术、虚拟现实技术和人工生命技术。”[①] 虚拟技术的出现加速了一种新的认识方式即虚拟认识的产生；虚拟实在是“一种新的人-机界面形式。它逼真地模拟人在自然环境中的视觉、听觉、运动等行为。为用户提供一种临镜和多感觉通道的体验，寻求最佳的人-机通讯方式。”[②]综合这两个名词的解释可以看出，《哲学大辞典》中关于“虚拟”一词的解释都是针对计算机技术提出的，突出其复制性和模拟性，都强调了对现实世界的再现。虚拟现实技术正是这样一种对现实世界再现的技术，通过虚拟现实技术实现了对现实世界的虚拟还原。由上述对“虚拟”一词字面意思的分析可以看出，当前人们对“虚拟”一词的理解主要是从两个维度展开的。一是把它作为现实和事实的对立面，强调它内含的虚假、虚构、捏造等含义。二是把它与计算机技术的发展联系在一起，强调这种技术的发展为人类生活所带来的一些新的内容。

就“需要”而言，情况要复杂得多。可以说，需要既是一个内涵丰富的概念，同时也是一个多学科共同关注的研究对象，因此对需要概念的界定也呈现多样化的特征，各个学科都从各自的角度对需要的概念进行定义。长期以来关于如何为需要下定义的讨论中，总体上一直存在着两种看法。一种看法认为需要具有普遍性，无论个人的需要在形式上表现出多大的差异性，也不管这种需要看起来有多么强烈的主观色彩，只要加以分析我们都能够找到其中的共通的东西，所以需要在很大程度上是客观的。我们把这种观点称作需要的客观学说或者客观需要说。如勒

① 冯契. 哲学大辞典（修订本）[M]. 上海：上海辞书出版社，2001：1725.

② 冯契. 哲学大辞典（修订本）[M]. 上海：上海辞书出版社，2001：1725.

德雷尔在其《人的需要》一书中对人的需要的存在和真理性的说明，就强调了需要的客观性，“个人需要的存在，或者严格地说，这些需要的‘真理性’不能以感觉直观的方式来验证。至多，可以从某个人所利用的或试图得到的各种满足物，或者从由于没有满足而表现出的失望感来间接地推断需要的存在”[①]。与此相反，另一种看法则认为，需要的历史特征和主观特征是决定性的，考察需要的立足点始终是而且只能够是具有主观特性的人，不但每一个时代的人会产生不同的需要，而且每一个人的需要的产生都只能够将其自身作为依据。我们把这种观点称作主观需要说。总体上看，目前学术界关于需要概念的界定归纳起来主要采用四种思路。

第一种关于需要的定义可以概括为目标说，它认为需要是人对于某种目标的欲望和渴求，是人为了实现某种目标而表现出的某种心理状态。目标说着眼于人的心理状态，主要是从心理学的角度对需要进行定义，也可以概括为心理目标说。持这种观点的学者认为，需要的产生是因为主体受到了来自某种目标的刺激而呈现出某种主观状态，而“需要”作为主观状态，表现为人特有的精神状况，是一种主观心理感受。但是这种说法忽视了外部客观条件对人的精神状况的影响，对“需要”概念的把握只关注了主观条件，因此所下的定义未免失之偏颇，不利于把握需要的本质。

第二种关于需要的定义可以概括为关系说，它认为需要是人对客观事物的一种依赖关系。强调了人与外部事物的客观依存关系。持这种观点的学者主要从需要的客观性角度对需要进行分析，认为需要是一种客观现象，表现为对外部社会生活条件的普遍依赖，与人的社会生存发展条件息息相关。这种观点较之目标说虽然看到了需要的客观性，但是与目标说同样地犯了以偏概全的错误，不能更全面地概括需要的本质。

① 凯特琳·勒德雷尔．人的需要[M]．邵晓光，孙文喜，王国伟，等译．沈阳：辽宁大学出版社，1988：3.

第三种关于需要的定义可以概括为反映说，它认为需要是有机体对内部环境和外部生活条件的要求在人脑中的体现。这种看法与前面两种观点相比有着明显的进步，既看到了主体自身对于外部生活条件的要求，肯定了需要的普遍性；又明确了主体对外部事物的主观能动性，兼顾了主观与客观两个方面。但是这种观点把需要仅仅看作一种人对于外部生活条件的渴求状态的反映，未免过于肤浅。

第四种关于需要的定义可以概括为动态说，这种观点认为需要是人为了维持内部及其与环境平衡状态而产生的一种动态依赖关系及倾向。为了维持这种平衡关系，人会对外界事物提出各种有利于自己生存和发展的要求。把需要的产生看作为了满足人自身发展的需要，是人们对自身的生存和发展的一种观念性把握。与前三种观点不同，这种观点着眼于人的自身发展，从人的发展的视角来论述需要，不仅张扬了人的主动性，更把握了社会发展的规律性，无疑更具科学性。综合以上几种关于需要的定义，本书倾向于采用第四种解释，把需要界定为人为了自身的生存和发展而产生的对外界事物的各种要求。① 这样界定既体现了外界事物对人的生存发展的客观性，也体现了人在对待外界事物时表现出来的主观能动性。需要的概念体现了主客体的辩证统一，也更符合本书研究虚拟需要的目的。

由于缺乏必要的分析和梳理，当前研究者把“虚拟”一词的两种含义和“需要”一词的上述四种理解复合在一起就产生了多种极其复杂又混乱的关于“虚拟需要”的含义。一些研究者把虚拟作为现实的对立面来理解，如果将之与主观需要说相结合，就会把虚拟需要理解成主要是由当前社会中人的主观精神状态的变化而虚构出来的一种精神性的需

① 本书研究的重点是讨论虚拟需要，因此，虽然会涉及对于需要本身意义的讨论，但不会把大量的篇幅用于对需要的含义和理解方法的无休止的争论当中。因此，本书在此处简单地总结需要的四种含义的基础上，将对需要的第四种界定确定为本书所理解的一般意义上的需要。下文如无特殊用意，不会再专门对该词予以辨析。

要（AC）。而如果将之与客观需要说相结合，则会把虚拟需要理解为不依个人的主观意志为转移的那种来自虚拟世界的需要（AD）。另有一些研究者把虚拟理解为计算机技术的衍生物，如果把这种理解与关于需要的含义的理解复合在一起，也会产生关于虚拟需要的两种理解。一是认为虚拟需要即在特定条件下，由计算机技术所提供的各种“虚拟”环境使人们原有的各种需要获得拓展（BC）而产生的一类特殊的需要。二是认为虚拟需要是计算机技术所创造出来的某种具有虚拟属性的现实需要（BD）。我们可以用图 2-1 把人们对于虚拟需要的通常理解表现出来。

	主观需要说（C）	客观需要说（D）
作为现实对立面的虚拟（A）	AC	AD
作为计算机衍生物的虚拟（B）	BC	BD

图2-1　对虚拟需要的通常理解

二、虚拟需要通常含义的批判性分析

关于虚拟需要含义的上述四种理解，任何一种单独拿来看都是不完善的。作为计算机衍生物的虚拟，只是说明了这种虚拟产生的途径，却无法从根本上道明这种虚拟的性质。即便我们每个人都知道虚拟需求的产生与计算机技术的发展联系在一起，但这并无助于告诉我们虚拟、虚拟需要本身是什么。计算机技术的发展以汹涌之势把包括虚拟需要在内的各种虚拟产品呈现在我们面前，但在此之后，它的汹涌大潮就悄然退去，为我们留下的是一片关于虚拟的茫然。由于信息网络的普及和虚拟实在技术的广泛使用，“虚拟”一词的含义有所增加。尤其是虚拟社会、虚拟空间等网络术语的出现，使“虚拟”一词的使用更为广泛。迈克尔·海姆在《从界面到网络空间：虚拟实在的形而上学》一书中对“虚拟”一词的解释有助于我们更好地理解虚拟的含义，虚拟这个词的当代用法来自软件工程，计算机科学家用虚拟内存来代表计算机以这种方式设置的随机存储器（random access machine，RAM）……“虚拟”一词的含义后来就变成了任何一种计算机现象。[①]虚拟内存的广泛使用使“虚拟”一词成为与计算机有关的专门术语，由此出现了虚拟现实、虚拟存在、虚拟自我等一系列专门用法。就像虚拟需要一样，虚拟社区、虚拟空间等虚拟相关物都是由网络信息技术的运用而产生的。因此，单纯从计算机技术的维度无法说明虚拟的本质，虽然它本身是一个不可或缺的维度。

对作为现实对立面的虚拟的探讨，则为我们提供了理解虚拟的另一条线索，尽管它是以一种极其混乱的方式提供的。作为虚拟而言，把虚拟作为现实的对立面来理解并不准确，至少带有很大的片面性。虚拟与现实具有密切关系，但虚拟并不总是作为现实的对立面而出现的。当前人们对于“虚拟”一词的理解，无论是基于各种字典所给出的字面含义还是基于各种实际用法对该词的使用，对虚拟与现实之间关系的把握都有一定的缺陷。事实上，就虚拟与现实的关系来说，虚拟既可以是现实的对立面，也可以是对现实的置换或者超越，甚至虚拟也可以成为现实本身。正是对虚拟与现实之间关系的这种辨析为我们提供了理解虚拟之本质的钥匙。

1. 虚拟可以作为对现实的置换而出现

“虚拟”一词自从出现开始，就与现实相关，虚拟技术也呈现出复制现实的趋势。为了更好地理解现实，技术提供了一种现实的置换，即虚拟。反过来，对于虚拟的理解也同时离不开现实。虚拟作为对现实的

① 迈克尔·海姆．从界面到网络空间：虚拟实在的形而上学 [M]．金吾伦，刘钢译．上海：上海科技教育出版社，2000：136．

置换，并不总是以现实的秩序的扰乱者自居，在另一个侧面上，它恰恰有可能使人深刻地洞悉现实与虚拟的本质。虚拟以现代世界的拥护者可能尚未意识到，但绝对不期望的方式扰乱了现实世界的稳定性。[①]但在虚拟的出现为现实的理解带来阵痛之后，虚拟与现实的对照总能表明：事物总是具有两面性，一面是现实，一面是虚拟。事物的现实性无法完整地呈现事物，事物的虚拟性就会做出置换。这种置换不是取消，也不是虚构，而是呈现出某种以虚拟方式存在的现实。尽管对于现实的虚拟置换一直存在，但直到网络信息时代计算机技术的运用才使这种置换以庞大的成规模的形式进行。因此，虚拟技术的存在对于现实的意义不言而喻，网络空间远不只是在电子媒介或是计算机界面设计上的突破。有了虚拟的环境与模拟的世界，网络空间成为一个形而上的实验室，即一种检验我们现实感的工具。[②]"'虚拟现实'一说已开始渗透至所有交换符号、图像和声音的电子媒介，从而组建成了相对于感官接触的'现实'世界而言的第二世界。"[③]虚拟现实技术从一出现就被定义为用来反思和对照现实的宏观文化意义，在此，现实已成为一种已经"一直存在着"的虚拟，反过来，虚拟本身不过是虚拟着的现实。但是虚拟与现实的这种置换关系，在很多时候都是人们误解的对象。比如，在一些文学理论家的笔下，虚拟成了一种先验的、从自己形象中寻找现实的东西。这是一种典型的先验论观点，在他们看来，虚拟比现实更真实，这是一种本末倒置的看法，虚拟现实无论在何种情况下都不能脱离人之本体，因为所有形成虚拟现实的技术、信息都是由人制造和设置的，虽然在虚拟现实中，人的身体并不在场，但是人的主体地位依然是不可撼动的，虚拟现实所带来的不过是人们交流方式、生存方式的变化。

---

① 马克·波斯特．互联网怎么了[M]．易容译．开封：河南大学出版社，2010：134.

② 迈克尔·海姆．从界面到网络空间：虚拟实在的形而上学[M]．金吾伦，刘钢译．上海：上海科技教育出版社，2000：85.

③ 马克·波斯特．互联网怎么了[M]．易容译．开封：河南大学出版社，2010：136.

2. 虚拟可以作为现实的对立面出现

按照这种理解，虚拟就意味着对现实的消解。在这一消解过程中，虚拟构造出了一个与现实相对立的、自治的有意义的世界。对虚拟的这一特性作出重要研究的是鲍德里亚。他的一系列关于新媒介的著作有助于我们更好地理解“虚拟”这一词语的含义。鲍德里亚认为，电视出现以后的文化都可以被称为“模拟”文化，“模拟”与“虚拟”一词都指明了一种客体与其指代物分离的符号系统。在这一符号系统中，出现在电子产品中的文字和形象与先在的“现实世界”没有固定的联系，因此其功能不是表征客体，而是成为客体自身，成为意义自治的实体。[①]在他看来，“模拟”是对其指代物的清算，模拟对现实与虚假之间的差异构成了威胁。应把自己投射在一个虚构的、未定的和只有在精神上疯狂地对自己发泄的世界中，为自己构造一个完美的虚拟世界以使现实世界陷入绝境。[②]在模拟出现以后，现实、指代、客体目标都不复存在，鲍德里亚把这称为一场文化的变革，他的理论也成为一种超现实的理论。在此之后，随着虚拟技术的发展，鲍德里亚虽然坚称模拟与虚拟之间具有某种特定的关联，但是他逐渐用“虚拟”取代“模拟”一词，认为当今的世界已成虚拟。似乎事物都吞下了他们的镜子，透明地、完整地出现在他们自己面前——在日光下，在现实的时间里，在无情的复制中。在幻想中，它们不再缺席，而是被迫在数以百万计的监视器下记录自己；在这里，不仅现实消失了，形象也消失了。[③]鲍德里亚把虚拟技术看作现实的对立，这种观点导致他自己的思想走向虚无主义。

① 马克·波斯特. 互联网怎么了 [M]. 易容译. 开封：河南大学出版社，2010：138.

② 让·博德里亚尔. 完美的罪行 [M]. 王为民译. 北京：商务印书馆，2014：59.

③ 让·博德里亚尔. 完美的罪行 [M]. 王为民译. 北京：商务印书馆，2014：18.

3. 虚拟可以作为对现实的超越而出现

承认虚拟是对现实的超越主要是为了说明虚拟对现实的重要性，虚拟是现实的一种补充。德里达对虚拟的这种超越特性做出了说明。他认为虚拟现实是我们这个时代的当务之急，虚拟技术的存在增加了我们社会现实的透明度。“德里达认为，媒介的传播速度和遍布性‘制造’了一种虚拟现实的环境，这一环境削弱了现代制度的功能，并且激起了对一种主张正义的‘新国际’的需要。”[①]德里达关于虚拟的讨论都是围绕着他的政治主张展开的，与鲍德里亚不同的是，德里达认识到应当将媒介各自的物性纳入分析的范畴，因为电视和计算机各自的虚拟是两种不同的方式。但是他并没有对媒介物性在效果方面到底有哪些不同做出分析。事实上，德里达对虚拟现实的理解也在两种观点之间摇摆不定，“一是将其理解为事件的一个普遍的、先验性的方面，一是将其理解为与一系列具体技术设备相联系的特殊的结构”[②]。他不认为他关于虚拟现实的“幽灵论”是一种“经验主义的假设”；另外，德里达也不认为虚拟是无差异性现实的“普遍的幻觉”，他“主张一个比我们现有概念更精确的新概念”[③]。德里达对虚拟现实持一种肯定的态度，他坚持解构现状，认为虚拟是对现实“批判的批判”，从这个意义上说，虚拟是现实的超越。

以上三个方面的说明，都从某一个特定的方面对虚拟与现实的关系进行了揭示。本书认为，理解“虚拟”一词的真正意义，应该注意坚持两个原则。一方面，必须从网络信息社会和计算机技术的发展中去理解虚拟的含义；另一方面，必须从虚拟与现实的辩证关系去理解虚拟。前

① 马克·波斯特．互联网怎么了[M]．易容译．开封：河南大学出版社，2010：145．

② 马克·波斯特．互联网怎么了[M]．易容译．开封：河南大学出版社，2010：145-146．

③ 马克·波斯特．互联网怎么了[M]．易容译．开封：河南大学出版社，2010：146．

者揭示了虚拟的社会基础，而后者则规定了虚拟的本质内涵。就前者而言，如果不从网络信息社会和计算机技术的发展中去理解虚拟，我们就无法真正把虚拟和虚假、虚幻、虚构区别开来。人们很早就使用到“虚拟”一词，但这种使用是含糊的，虚拟的意思没有和虚假、虚构、虚幻等看起来类似的相关概念区别开来。只有到了网络信息社会，在计算机技术充分发达的时候，我们对“虚拟”一词的理解才成为可能。这就类似于人们对商品、货币、价值、劳动等概念的真正理解只有到了资本主义社会才成为可能一样。比如，马克思在批判宗教时曾指出：废除作为人民的虚幻幸福的宗教，就是要求人民的现实幸福。要求抛弃关于人民处境的幻觉，就是要求抛弃那需要幻觉的处境。[①] 马尔库塞在分析人的单向度特性时也曾指出与真实的需要相对立的虚假的需要。在现实生活中，自古以来，人们也都产生过对桃花源、乌托邦、天国、仙境和乐土等虚构的对象的追求。如果依照虚拟的字面意思，即完全把它当作与事实相对立的、虚构的东西的话，如果把对于这些虚构的东西的追求都理解成虚拟需要的话，那么虚拟需要就成了一个被滥用的、丧失自身规定性的概念。同时，对虚拟的理解也必须通过与现实这一概念的对照来进行。离开了与现实的对照，对虚拟的理解就是抽象的、表面化的。这就类似于列宁在界定物质概念时所运用的方法一样，对于那些具有普遍性的、具有最一般规定性的概念，我们不能用理解和界定一般概念的方法对待它们，而应该通过与其相关概念的对照来理解它们。当然，我们这样说，并不是意味着虚拟像物质概念一样具有最高的规定性和最大的普遍性，而只是认为对虚拟的界定应该通过与其紧密相关的、对应的概念的对照来进行。

---

① 中共中央马克思恩格斯列宁斯大林著作编译局. 马克思恩格斯选集：第 1 卷 [M]. 北京：人民出版社，2012：2.

第二节　虚拟需要的哲学界定

我们已经指出了虚拟需要通常理解的缺陷，并根据对这种通常理解的批判性分析，阐述了正确理解虚拟需要这一概念所应坚持的两个基本原则。在本节中，我们将按照这两个原则的指导来进行分析，尝试着给出我们对于虚拟需要的定义。这项工作要分三个步骤来进行。首先，我们需要一个方法论层面的探讨。这一讨论将在方法论上说明为什么语言分析的方法不适合用于界定像虚拟需要这样的概念。对虚拟需要进行界定的正确的方法应该是马克思所倡导并采用的从生产方式入手进行分析的方法。这一方法是马克思以实践为基础的方法和生产逻辑的一个具体运用。其次，我们将按照对需要研究的辩证方法阐述虚拟需要的二重性，即现实性与虚拟性。这一探讨将有助于我们最终获得对虚拟需要的哲学界定。最后，我们将通过对需要的历史发展逻辑的简单梳理，尝试给出我们关于虚拟需要的哲学界定。

一、虚拟需要之界定的方法论批判

按照我们所确定的理解虚拟需要所应坚持的原则，对虚拟需要的理解离不开网络信息社会和计算机技术的发展这样一个重要的社会基础。正如很多论者已经强调的那样，技术在这一过程中扮演了非常重要的角色。如果没有计算机技术、信息技术、虚拟技术等的发展，虚拟需要不会凸显，虚拟的概念就仍然会和虚假、虚幻等类似概念混淆在一起。但是，对于界定虚拟乃至虚拟需要而言，技术在其中究竟能够被给予什么样的角色定位？能否像一些人认为的那样仅从技术的维度就可以获得对虚拟需要的正确理解？换言之，技术能否上升为界定虚拟需要的一个方法论原则？这是对虚拟需要的界定进行方法论探析所要关注的第一个问题。再者，如果我们把虚拟需要作为一个哲学概念去理解和界定，那么这个概念应该与作为日常生活用语的“虚拟需要”保持何种关系？这实际上是一个更为宏大的问题在虚拟需要这一具体概念的界定上的体现。这个问题就是：我们应该如何处理哲学语言与日常生活语言之间的关系？哲学语言是否应该与日常生活语言保持适当的距离？具体到对于虚拟需要这一概念的界定而言，我们应该怎样在方法上对待虚拟需要的通常含义？这些问题都是我们要在哲学上给出虚拟需要的定义所应该关注的。

关于虚拟需要的界定与科学技术的关系问题，我们首先将其放在一个更为宏大的背景下加以分析，并以此来阐明技术在哲学概念的界定中所应扮演的角色。笔者认为，在当前的一些哲学研究中，对科学技术的迷信和崇拜已经严重威胁到哲学本身的健康发展。因为在一些哲学研究当中，科学技术被当作一种支配性的原则，哲学本身的反思性、批判性在科学技术面前被消解了。哲学仅仅成了科学技术在某个层面的解释者。一切以科学技术为准，不但在本体论、认识论上，而且在方法论上哲学都任由科学和技术支配。哲学家马尔库塞曾从精神分析的角度，揭示了哲学沦落到这种境遇的心理症状。从源头上说，哲学之所以会选择与科学技术结成亲密联盟，根本原因在于：科学技术所取得的巨大成功令哲学家感到自卑和自责。自近代以降，科学技术不但在解释世界时获得了哲学难以企及的成就，而且通过不断积累建立起了相对完备的体系。而这两者原本都是哲学为自身规定的任务。所以，哲学家在面对科学成就时会产生心理上的自卑与自责，进而在学术上表现为施虐－受虐狂症状。比如，分析哲学的代表人物维特根斯坦和奥斯丁的哲学，就“表现了学术上的施虐－受虐狂，表现了那些没有获得科学、技术或类似成就的知识分子的自卑和自责感”[①]。所以，分析哲学虽然声称要治疗传统哲学的“哲学病”，但实际的情况却是分析哲学自己有精神上的疾病。

① 赫伯特·马尔库塞．单向度的人：发达工业社会意识形态研究 [M]．刘继译．上海：上海译文出版社，2008：138．

分析哲学对科学技术因自卑而迷信，因迷信而过分依赖，这造成了它一方面承认并接受科学为自己划定的理性界限，以免受“无益的精神冒险的侵害”，另一方面又反过来专横地为哲学施加种种严格限制，以近乎“施虐”的方式使哲学“受虐”。所以，分析哲学用科学技术为自己铸造了坚固的盔甲，但同时也把自己牢牢限制在盔甲当中。其结果是，科学不但在认识论中，而且在本体论中上升为最高的原则，通过将科学等同于知识，将其他形式的知识包括形而上学的知识排除出去，于是科学代替形而上学在哲学中获得了中心地位。科学知识不但在认识论上成为真理性知识的判定标准，而且在本体论上成为事物本身存在与否的判定标准。正如维特根斯坦所说，能说的都应由科学来言说，不能说的都应保持沉默。① 当代一些哲学家在对分析哲学的发展进行反思时还认识到，分析哲学对科学的过分依赖和崇拜使其丧失了哲学应有的社会批判的功能，甚至完全沦为科学的附属物。在马尔库塞看来，这种社会批判功能的缺失恰恰正是以分析哲学为代表的近代哲学的特征。② 在认识论和本体论上的紧缩主义，在哲学功能上的狭隘主义，正是分析哲学自我施虐-受虐的一个表现。

在马克思看来，自然科学的发展能够为哲学的研究提供佐证，并且唯物主义的发展也确实应该随着自然科学的进步逐步改变自身的形态。③ 但是这并不意味着科学技术应该成为哲学研究中的决定性的原则。对于虚拟需要的界定而言，我们更应该看重的是在技术发展背景下所呈现的社会基础的变革。对手推磨和蒸汽磨本身的分析并无助于我们认识这些工具的利用所产生的现象，因为这种做法着眼的是“技术发展的历史”，而真正应该引起注意的是与技术的发展历史相伴随的“生产方式的发展

① 维特根斯坦．逻辑哲学论 [M]．贺绍甲译．北京：商务印书馆，2009：49.

② 阿拉斯代·麦克伦泰．“青年造反哲学”的创始人：马尔库塞 [M]．詹合英译．长沙：湖南人民出版社，1988：91.

③ 中共中央马克思恩格斯列宁斯大林著作编译局．马克思恩格斯全集：第 3 卷 [M]．北京：人民出版社，1960：20.

历史”。任何事物都具有虚拟性和现实性的矛盾，对此，不能在技术发展的历史中去理解，而应该在生产方式的发展历史中去理解。就来源而言，使虚拟作为现实的置换、对立面和超越者出现的，进而使虚拟需求出现的，不是科学家个人的奇思妙想，也不是人的自身需求的力量，而是信息技术和现代工业的发展。但是，对信息技术我们又不能仅仅把它们当做技术本身去理解，而应该把它们放到生产方式变革的历史中去理解。在这种理解当中，我们就能够明白，生产方式的变革怎样使得虚拟与现实的矛盾、虚拟需要与现实需要的矛盾在不同的时期获得不同的表现形态。

在思维方式上，对待虚拟与现实、虚拟需要与现实需要的关系还体现出肯定性思维方式与否定性思维方式的对立。这种思维方式落实到方法论上，就表现为是否能够用一种辩证的方法去理解和界定虚拟需要。一些论者把虚拟当做现实和事实的绝对的反面和对立物，不承认虚拟能够作为现实的另一面存在，把两者截然割裂开来，实质上就是肯定性思维方式的体现。肯定性思维方式在理解概念的意义时，往往采取一种单维度的做法，例如像我们前面在分析虚拟需要的通常含义时那样把语言经验作为确定语言意义的唯一标准。在这种肯定性思维方式看来，日常语言经验是确定一个概念的意义的根本依据，如果一个概念的意义不是由它在日常语言的用法中确定的，那么这个概念就是超验的概念，就是哲学家要“拒斥”、“澄清”并“治疗”的形而上学的幽灵。

在黑格尔那里，否定性思维与肯定性思维之间的辩证关系已经得到了一定的阐述，不但把否定作为一切肯定的基础，而且明确指出了任何概念都应包含肯定和否定两个方面。“这样一个否定并非全盘否定，而是自行消解的被规定的事情的否定，因而是规定了的否定……它是一个新的概念，但比先行的概念更高、更丰富。”[①] 马尔库塞接受黑格尔的观点，强调“否定性的思维方式”的重要性，认为“否定的力量”是支配

① 黑格尔. 逻辑学（上卷）[M]. 杨一之译. 北京：商务印书馆，2017：36.

概念发展的原则，而矛盾则是理性的重要性质。这种否定性的思维也就是处于对立面的思维方式，它要求在日常语言和行为领域的对立和矛盾当中来阐述概念。

就哲学语言与日常生活语言的关系而言，哲学专门术语有没有存在的必要性，日常用语是否能够完全取代专门哲学术语，也是我们探讨虚拟需要的哲学意义必须予以关注的一个理论前提。在一些哲学家看来，哲学中的各种混乱，很大程度都是由“乱用语言”导致的，这种对语言的乱用是形而上学的来源。比如，逻辑实证主义所持的正是这种观点。它认为真正的哲学不应该讨论自然和社会，而只应该讨论语言。[①] 唯有如此才能够把哲学从形而上学中解放出来。事实上，哲学专门术语的存在具有其合理性和必要性，并且正是因为这些术语的存在哲学才能称为哲学，才能获得其独有的功能和价值，如果按照逻辑实证主义的做法，哲学将无用武之地。哲学专门术语的使用就意味着对我们通常能够理解的概念的一种“排除”，正是通过这种排除的方式，社会中正在发生的事件及其意义才能够被描述出来，所以，专门术语的必要性就在于它涉及了“一种新意识形态的传播”。

再者，日常语言和哲学术语之间本身就存在不可归约的差异性。日常语言是带有行为性的，即一种实践手段。比如，“我的电脑在桌子上”这句话的功能就在于它会导致一系列的反应，如你可以在桌子那里找到我的电脑，小心我放在桌子上的电脑等。换言之，语词的意义和人的行为之间能够建立起直接、显著的因果联系。但是哲学专门术语则不会导致这样的行为倾向，或者说不能表现出直接的、显著的因果关系。与此相比，哲学专门术语并非完全没有因果作用，只是发生作用的方式存在差异。比如，它们可以在思想上导致其他思想的产生，或者在社会历史发展中对一种实践产生指导作用，但这完全不同于日常语言对行为倾

① 洪谦．论逻辑经验主义 [M]．北京：商务印书馆，1999：98．

向的作用。比如“解放”“异化”“自由”等术语在命题中充当主词并不会造成人们在行为上的直接反应，但却能够在意识形态和社会历史等更加宏观的范围产生影响。所以，日常语言和哲学术语的用法具有显著差异，日常语言不能代替哲学术语，哲学术语也绝不能跟日常语言一样“不起眼”。

从层次上看，哲学语言是高于日常用语的元语言。尽管日常语言在人们的日常生活的使用中完全够用，但它并不能胜任哲学研究的专门要求。哲学中的精确性和明晰性也不可能在日常语言中达到。就语言自身的层次而言，用来分析语言意义的语言应该不同于被分析的语言，前者所处的层次更高，即通常所说的“元语言”。哲学术语的目的就在于提供一种更高、更宏观的视角，使我们能够“从外部”来理解日常话语的根本意义，所以，“如果日常话语领域本身成为哲学分析的对象，哲学语言就成为了‘元语言’”①。这种理解也更符合哲学高阶学科的学科属性。列宁对“一杯水主义”的意义的分析就是通过日常语言分析揭示其中隐含的“隐蔽意义”的典范。②单纯分析“树上有一只知更鸟”这样的命题并不能够解释意义的历史向度。正如恩格斯在批评费尔巴哈时所肯定的那样：“纯粹自然科学的唯物主义虽然‘是人类知识的大厦的基础，但不是大厦本身’。”③如果把“形而上学”看作是自然科学知识之外其他知识的表现形式，那么形而上学具有一定的合理性。对于过度依靠语言分析的方法来确定意义，恩格斯就曾以“宗教”一词为例进行过分析。在恩格斯看来，词的意义，不应该按照它的来源来决定，而应该

① 赫伯特·马尔库塞．单向度的人：发达工业社会意识形态研究 [M]．刘继译．上海：上海译文出版社，2008：143．

② 参见列宁对“一杯水主义”的批判。“一杯水主义”是俄国的一种性道德理论，它主张性需求的满足就像口渴要喝水一样是一种简单的生活事件。

③ 中共中央马克思恩格斯列宁斯大林著作编译局．马克思恩格斯选集：第 4 卷 [M]．北京：人民出版社，2012：237．

“按照它的实际使用的历史发展来决定”①。

总之，从对虚拟需要界定的方法论思考中我们可以确定以下几点内容。其一，虚拟需要的哲学含义应与其日常生活含义（及其通常含义）有所差别。前者应该是在更高的层面上对虚拟需要的本质的把握。用语言分析的方法去理解虚拟需要的含义在方法上存在缺陷。其二，对虚拟需要的界定离不开对网络信息社会及其相关的各种技术的说明，但是这种说明并不是全部。换句话说，利用各种信息技术去说明虚拟需要，并不意味着对各种技术本身进行分析，而是要把技术置入生产方式变革的历史发展当中去理解。前者代表的唯科学技术论的科学沙文主义，后者则是唯物主义的方法原则。其三，对于虚拟需要的理解应具有辩证视角。虚拟和现实是一种对立统一的矛盾关系。这要求我们在对虚拟需要进行界定时，必须注意否定性思维的作用。如果说坚持从生产方式入手理解虚拟需要，就意味着在对虚拟需要的理解中坚持了唯物论，那么，从否定性的视角去理解，则是在这种理解中体现了辩证法。

二、虚拟需要的二重性：现实性与虚拟性

在对需要的研究中运用辩证的方法，甚至对需要研究的辩证方法论的专门探讨，在以往已经成为需要研究中的重要内容。正如勒德雷尔所指出的：如果假设辩证法“对于对象的本质，对于要运用工具来进行考察的对象的现实性更加明确”，则辩证法的方法论问题，特别是对于像需要这样的理论建构的方法论问题就相当明显了。②就像在以往研究中，很多双重特性都已经被赋予人的需要那样，虚拟需要也有这样的双重特性，我们将之称作虚拟需要的二重性。虚拟需要的二重性即虚拟需要的

① 中共中央马克思恩格斯列宁斯大林著作编译局．马克思恩格斯选集：第4卷[M]．北京：人民出版社，2012：241．

② 凯特琳·勒德雷尔．人的需要[M]．邵晓光，孙文喜，王国伟，等译．沈阳：辽宁大学出版社，1988：284．

现实性和虚拟性。许多思想家都对虚拟实在技术所带来的虚拟与现实的二重性进行过研究，迈克尔·海姆在其著作中曾引用莫里森的话来表达他对虚拟与现实的看法，“总有那么一天，我们将去天气剧院来回忆下雨的感受”[①]。虚拟性与现实性是虚拟需要最重要的二重性。就虚拟需要作为需要的虚拟表现而言，虚拟需要在形式上虽然是虚拟的，但是虚拟需要产生的前提、存在的基础、满足的方式等却都是现实的，在研究虚拟需要的过程中也仍然会遭遇许多现实困境。因此，研究虚拟需要不能只顾及虚拟性而忽略现实性，只有兼顾虚拟性和现实性才有可能获得对虚拟需要的完整的理解。

1. 现实性

现实以及现实性是哲学家长期关注的一个重要概念。早在古希腊，亚里士多德在其实体学说中就有对现实与潜能关系的说明。在亚里士多德那里，“现实”一词有两重含义：一是指正在进行的行为，音译“埃奈季亚”（energeia），意为“现实”；二是指完成了的目的，音译“隐德莱希”（entelechy），意为“实现”。在这里，不存在的东西就不是正在进行的行为，所以就不是现实的存在，而只能够被称作潜在的存在。现实与潜能在这里成为一组对立的范畴。在近代，黑格尔非常注重对现实性的论述，他把现实看作是高于存在和实在的东西，现实属性仅仅属于那些同时又是必然性的东西。“凡是现实的都是合乎理性的，凡是合乎理性的都是现实的。”“现实性在其展开过程中表明为必然性。”[②]凡是丧失了必然性的、不合理的东西，包括偶然性的事物和现象，都不能作为

① 迈克尔·海姆．从界面到网络空间：虚拟实在的形而上学 [M]．金吾伦，刘钢译．上海：上海科技教育出版社，2000：83.

② 中共中央马克思恩格斯列宁斯大林著作编译局．马克思恩格斯选集：第 4 卷 [M]．北京：人民出版社，2012：221.

现实。因此，现实性与合理性、必然性一起成为与可能性、不合理性相对立的东西。恩格斯在《路德维希·费尔巴哈和德国古典哲学的终结》中在批判黑格尔的基础上，也肯定现实之所以为现实，其最重要的根据就在于其内部蕴含的规律性和必然性。“在发展进程中，以前一切现实的东西都会成为不现实的，都会丧失自己的必然性、自己存在的权力、自己的合理性；一种新的、富有生命力的现实的东西就会代替正在衰亡的现实的东西。”[①] 现实性与非现实性（潜能、偶然性、不合理性，抑或虚拟性）在发展中的辩证关系就被进一步揭示出来。

（1）虚拟需要的现实性前提

所谓现实性前提主要就是与虚拟需要有关的那些现实性元素。这些现实性元素在虚拟需要的产生、存在、演化发展乃至消解的整个过程中都起着至关重要的作用。具体而言，虚拟需要的现实性因素主要体现在两个方面。第一，虚拟需要借以产生的载体是现实的。按照我们之前的理解，虚拟需要的产生主要与网络信息社会和计算机技术的发展联系在一起。就技术层面而言，虚拟需要是人们的精神性需要在网络世界中的呈现，如果离开了计算机、离开了虚拟实在技术，所有的虚拟需要也就不复存在了，从这个意义上讲，虚拟需要产生的首要前提是现实性的。以计算机为基础而出现的虚拟实在技术为虚拟需要的产生提供了技术前提。虚拟实在技术可以用于人类的每一种活动，而且也可以用来虚拟呈现现实世界中的任何事物。在虚拟实在技术中，人们全身心地沉浸在虚拟的世界之中，所以虚拟实在技术提供给人们的是一种新形式的人类经验。这种新形式的人类经验在诞生之初所带给人们的冲击是难以想象的，越来越多的人开始习惯于这种沉浸在虚拟世界中的体验。但是最初的虚拟实在技术在各个领域引发了激烈的争论，甚至有人质疑：进入虚

① 中共中央马克思恩格斯列宁斯大林著作编译局．马克思恩格斯选集：第4卷[M]．北京：人民出版社，2012：222．

拟空间这种由计算机生成的现实世界后，人还会是人吗？一个毋庸置疑的事实是，随着人们皈依于虚拟实在，人们的生存方式正经历着一场变革。但是问题依然存在：对于进入虚拟空间的人们来说，虚拟空间给人们带来的变化有哪些？通过符号转移在虚拟空间中的人们是不是一种完全的、颠覆性的、具有替代性的实在？迈克尔·海姆据此提出了存在论转移的看法，“当我写到存在论转移时，我的意思是说其中的含意要比人类如何看待事物的变化多点什么，要比我们认识论中的范式转移或转换多点什么”[①]。他认为，计算机为我们带来了一种全新的体验，即从界面到网络空间的虚拟体验，一种我们可以进入的虚拟实在，他更形象地把虚拟空间的存在看作人与机器的“联姻”。虚拟空间表示的是一个全新的世界，这个世界是一个纯粹人工的世界，它由这个人工世界自己产生的信息和人接收到这些信息之后进一步反馈到这个人工世界中的信息构成：“正如黑白相间的棋盘构成国际象棋的游戏空间，里面有车、马、卒、象等，计算机界面也有其着法，文件的级别、该去的地方以及兴趣点之间的相对距离等。”[②]所以，进入虚拟世界意味着一种环境和身份的双重转换，通过这种转换，人们从现实世界进入一个人工世界，从而身处虚拟世界之中。有人把网络比作“无限的牢笼”，人们身处牢笼却毫不自知，甚至沉浸其中无法自拔。但是无论人们怎样沉溺于虚拟空间都不能忽略这个事实，即虚拟空间的载体是现实性的，在网络空间中的一切情感包括需要其载体都是现实性的。这就像是那些全身心地、长时间地沉迷网络世界或网络游戏中的网瘾患者一样，无论他在虚拟的世界中取得怎样伟大的成就，但支撑着这一切的首要前提，是他个人的生存。他的身体、他的维持这个身体生存的物质手段以及维持他的虚拟世界存

① 迈克尔·海姆．从界面到网络空间：虚拟实在的形而上学 [M]．金吾伦，刘钢译．上海：上海科技教育出版社，2000：前言．

② 迈克尔·海姆．从界面到网络空间：虚拟实在的形而上学 [M]．金吾伦，刘钢译．上海：上海科技教育出版社，2000：79．

在的物质手段，都是这个虚拟性的现实基础。即便有一天，技术的发展真正实现了人机联网，虚拟技术能够以最低的成本、最便捷的方式实现，虚拟需要也无法摆脱掉它的现实基础。因为虚拟的东西总要有一个现实的载体才能得以存在，虚拟需要不能以虚拟本身的形式而存在。这也是研究虚拟需要无法回避的二重性问题，只有深入研究虚拟需要的现实性，才能更好地把握虚拟需要的虚拟性，同样也不能只重视虚拟需要的虚拟性而忽略虚拟需要的现实性。

第二，虚拟需要本身的载体是现实的。人作为虚拟需要的物质载体其本身是现实的，在研究虚拟需要时应该首先把握这个前提。虚拟需要无论形式多么虚拟化都不能绕开其现实性的载体，无论虚拟需要还是现实需要，都是人的需要，都以人为最高原则。人类创造了技术，同时也为技术所创造。现在，我们正生活于一个由我们的技术构成的世界之中……当代技术革命和虚拟实践的崛起，意味着人类正在打破传统的生存、发展方式，并极有可能实现一种跨越式的超越。[①]虚拟需要是人的精神性需要在网络上的体现，也是人们在虚拟存在的过程中产生的各种需要。虚拟技术使人们的存在方式发生了深刻的变革，人的存在方式就是“人表现和实现现实生活的具体的相对稳定的形式”。马克思认为现实中的人的活动包括三个领域：自然领域、社会领域和人自身的领域。与此相适应，人自身的存在也就获得三重身份：从人与自然的关系看，人“是能动的自然存在物”；从人与社会、人与人的关系看，人“是社会存在物”；从人与自身的关系看，人“是有意识的类存在物”，精神活动是人与动物区别的主要标志。人不同于动物又优于动物的地方在于，人除了肉体之外还拥有一个心灵的世界和意义的世界。[②]有学者把人的虚拟存在的方式称为“一种跨越式的超越”，人类生存方式的深刻变革打破了原有的生存和发展方式，“在我们利用技术改变这个世界的同

① 张明仓．虚拟实践论 [M]．昆明：云南人民出版社，2005：7.

② 周若辉．虚拟与现实：数字化时代人的生存方式 [M]．长沙：国防科技大学出版社，2008：15.

时，技术也把我们对这个世界的幻觉‘展现得淋漓尽致’”[①]。对虚拟空间的一切反思包含着人类生存方式的一种现实困境，其要么是虚拟对现实的谋杀，要么是现实在虚拟背后的彻底颠覆，这种两种观点看似不可调和，但却是真实存在的，这也是我们研究虚拟需要所避不开的一种两难选择。

（2）虚拟需要的现实困境

虚拟需要的现实困境主要表现在虚拟需要与现实需要的关系或者说虚拟需要与现实的界限方面。“虚拟”一词从诞生以来一直与现实相互纠缠，而虚拟需要作为与现实需要相对应的一种需要，必然与现实需要之间具有千丝万缕的联系。对于人们在虚拟空间中产生的需要，许多人想当然地把它看作现实需要的再现，或者干脆把它与现实相对立，认为是一种不真实的需要，或者说是对现实需要的一种模拟。如果仅仅把虚拟需要看作现实需要的“影子”，那么虚拟需要也就失去了自身存在的意义，人们可以去认识虚拟需要、去体验虚拟需要，但是就其内涵来讲其毫无意义可言。也有人认为在后现代时代，现实与虚拟、真实与不真实、正确与错误之间的区别已经崩塌了。尤其是虚拟需要所赖以生存的虚拟空间不过是人工雕琢时，这种界限已然不复存在。然而自我进入虚拟空间之后，对虚拟空间的过分迷恋会使一部分人不愿重返现实，对于这些人来说，虚拟生活取代了现实生活，自我在虚拟空间中彻底沉沦。这样就会模糊现实需要和虚拟需要的界限，在虚拟空间的沉沦也会使回到现实生活中的人们难以适应，产生对现实生活的排斥和厌倦。虚拟空间操纵了人的主体，使人产生异化。在自我被异化之初，如果能及时从虚拟空间抽离，那么还可以回归现实生活。但是还有一些人沉溺于虚拟的空间无法自拔，就会彻底沦为虚拟空间的奴隶。虚拟空间归根结底也

---

① 克里斯托夫·霍洛克斯．鲍德里亚与千禧年［M］．王文华译．北京：北京大学出版社，2005：138.

是现实社会的缩影，现实生活中发生的不公平、欺诈等现象也会在虚拟空间重现，过分沉溺虚拟空间的行为的确是不可取的。

虚拟需要的现实困境与虚拟空间的出现如影随形，只要虚拟空间存在，这个现实困境就永远存在，但是随着时间的推移，自我对虚拟空间的认识也会逐渐趋于理性。大部分人会对逐渐司空见惯的虚拟生存状态产生更加理智的认识，形成一种心理上的自我保护来对抗虚拟空间的侵蚀。这种心理层面的自我保护会使大部分人免于被虚拟空间异化，更加客观、理性地看待虚拟空间的一切体验。正如弗洛姆所指出的：由于人失去了他在一个封闭中的固定地位，他也就失去了他生活的意义……像一个陌生人投入一个无边无际而危险的世界，新的自由带来不安、怀疑、孤独及焦虑的感觉。① 虚拟需要所遭遇的现实困境是所有虚拟技术研究所共同面对的，值得我们所有的研究者进行反思。

2. 虚拟性

现实性和虚拟性是虚拟需要的二重性，人的虚拟需要是信息技术发展的产物，人的虚拟性需要诠释着、完善着人的现实性需要，也使人的需要体系更加合理。但是人的虚拟需要相对来说还是比较陌生的，或者可以说是研究人的需要问题的一个盲点。因此探寻虚拟需要的真相，成为现代人追求自我完善的现实需要。随着网络技术的不断进步，人的虚拟需要被不断地提升和放大，各种虚拟需要也在网络上得到广泛传播。网络扩展出了一个与现实生活完全不同的虚拟空间，虚拟空间的存在使本来已经难以认清的人性真相变得更加扑朔迷离。在虚拟与现实交织的今天，如何在现实与虚拟之间寻求适当的平衡，是我们研究虚拟需要必须思考的问题。

---

① 艾里希·弗洛姆. 逃避自由 [M]. 刘林海译. 上海：上海译文出版社，2015：41.

（1）虚拟需要的虚拟性前提

虚拟性是人作为“符号的存在”“文化的存在”的独有特性，它集中地体现了人的符号生存和超越。[①]虚拟性是人类的一种普遍属性，人们总是通过符号的形式来超越现实世界的界限。当代技术革命，使人类实践的符号中介系统进一步由语言符号系统转化为数字化中介系统，使人类开始以数字化的生存方式取代普通的符号生存方式。[②]计算机技术、网络技术的出现不仅创造出了一个“数字化的世界”，而且还通过符号的形式把人带入这个虚拟的符号世界，使人自身从真实的现实世界中“解脱”出来。数字化的直接结果就是虚拟化的出现，它带来了人们生存方式和生活方式的虚拟化，使虚拟性成为当前人们生存状态的一个根本特性，也成为虚拟需要出现的首要前提。虚拟，是人超越限制、观念地或实践地掌握世界的重要机制，虚拟指向现实的各种可能性、不可能性和不存在性，通过对现实的各种可能性、不可能性、不存在性进行思维构成、规则构成和数字构成，从而使人不断超越限制而走向更高级的存在形态。[③]虚拟性是与理性相对的人的属性，人们的各种活动的开展不仅是理性的，更是想象的、虚拟性的。虚拟性帮助人们摆脱感性直观的限制，实现一定条件下的人的无限性、超越性。虚拟性也反映了人们的一种能动性，人们不是被动地接受现有条件的束缚，而是通过虚拟表达来满足人们摆脱束缚的真实愿望。但是人的虚拟性也不是不受任何条件限制的，必须将现实性作为前提。虚拟的世界不能取代现实的世界，只是作为对现实的一种补充。现实性制约着虚拟性，规范着虚拟性，现实性是虚拟性的基础。而虚拟性引导着现实性，虚拟性丰富着现实性的存在，使现实更加丰富多彩。虚拟性作为虚拟需要的前提，规定了这种

① 张明仓．虚拟实践论 [M]．昆明：云南人民出版社，2005：93.

② 张明仓．虚拟实践论 [M]．昆明：云南人民出版社，2005：93.

③ 张明仓．虚拟实践论 [M]．昆明：云南人民出版社，2005：94.

需要的存在方式。虚拟需要必须以现实需要为基础。虚拟需要与现实需要密不可分、互为补充，虚拟需要的存在代表着人们追求自身完善的美好愿望，而现实需要制约着虚拟需要的发展，离开现实需要的制约，虚拟需要就彻底沦为虚幻的镜花水月。

（2）虚拟需要的虚拟性本质

虚拟不仅是一种技术、一种活动、一种状态，而且是人所特有的一种主体能力。所谓“主体能力”，是马克思用来称谓人的能力的哲学用语，意指作为主体的人所具有的为了满足自己的社会需要而在一定社会关系中从事对象性活动的内在可能性。①人具有虚拟的能力是物质世界长期发展的产物，也是人们改变现实、创造现实的能力。在此意义上，符号的发明和使用使人与动物界划清了界限，人成了符号化的动物。“人不再生活在一个单纯的物理宇宙之中，而是生活在一个符号宇宙之中。语言、神话、艺术和宗教则是这个符号宇宙的各部分，它们是织成符号之网的不同丝线，是人类经验的交织之网。”②所以，在卡西尔看来，人被定义为符号的动物来代替人是理性的动物。符号取代理性无疑使对人的定义更加具体化，数字符号的出现更把人的定义进行了深化。虚拟需要的出现就是人们创造现实的结果，在虚拟空间里人们面对的是一个现实性与可能性交错的世界，正是因为人们具有虚拟能力才能把握可能性的世界。虚拟需要有时被当做现实需要得不到满足时的心理补偿，心理学上把这种现象看作现实需要的释放。由于每个人都有在现实生活中被压抑、被限制的内心体验，因此虚拟空间中的个体的自我建构往往是一种与现实完全不同的角色，这种情况下的自我呈现完全是与现实相反的一种逆向性的自我呈现。网络所具有的隐匿性特征，使一些现实世界中的社会规范在网络世界中对个体并没有限制作用，因此个体可以隐藏自

① 张明仓. 虚拟实践论 [M]. 昆明：云南人民出版社，2005：70.

② 恩斯特·卡西尔. 人论：人类文化哲学导引 [M]. 甘阳译. 上海：上海译文出版社，2013：43.

己在现实世界中的社会身份，与他人进行自我虚构的“虚拟”身份之间的交流。因此在虚拟空间用虚拟身份进行交流的人们其产生的需要本身就具有虚拟性的特征。

当代意义上的“虚拟”，是一种以数字化技术为中介的数字化虚拟。从技术角度看，这种虚拟是数字化的表达方式和构成方式，是数字化的生存方式、实践方式和超越方式。① 对“虚拟”一词的正确理解是理解虚拟需要的重要前提，只有厘清虚拟的概念才能正确定义虚拟需要的概念。对于我们来说，虚拟的东西是一种感性的真实的存在，但它在实质上却并非原本的事物，而是一种数字化方式的存在。数字化是技术，这种技术推动着虚拟化，数字化的最终结果是虚拟化。② 虚拟空间的存在混淆了真与假、虚与实之间的界限，也使人们难以区分虚拟需要与现实需要的区别，许多虚拟需要被当做现实的需要，导致人们因为虚拟需要的难以实现而产生对现实的不满。理性对待虚拟需要的虚拟性特征是我们进一步研究虚拟需要的实现与消解的前提，也是我们对虚拟需要进行价值评判的基础，因此必须对虚拟需要的虚拟性特征进行正确理解。

三、虚拟需要的定义

在以往人们对于需要所作出的种种二元对立式的理解和分类当中，需要的很多种特性都已经被显现出来。但是，这当然远远没有呈现需要的全部内容。比如，人们经常会谈到物质需要和非物质需要（精神需要）、潜在的需要和显性的需要、主观的需要和客观的需要、真实的需要和虚假的需要。对于需要的这样一些分类在表明一定的立场和倾向的同时，也已经引起了很多的误解和争论。就本书的立场而言，笔者认为所有以往的这些对于需要的理解和分类都是不完善的，没有表达出它们

① 张明仓. 虚拟实践论 [M]. 昆明：云南人民出版社，2005：65.

② 张明仓. 虚拟实践论 [M]. 昆明：云南人民出版社，2005：65.

想要呈现的那种真实的东西。或者说，它们只是以自己不成熟的方式表达出了对于需要的一种更根本的分类所能够容纳的东西。对于需要的这种更根本的分类就是将需要分为虚拟需要和现实需要。

从需要呈现自身本质所经历的过程来看，对于需要的真正合理的分类、对于需要的真正完善的认识，只有在无限复杂的需要的形式被社会生产和技术发展呈现出来之后才成为可能。换言之，在人类发展的早期，在人的需要的表现形式还相对单一和简单的时候，我们就不可能获得对于需要的成熟的认识。这一点实际上就是马克思的人体解剖的研究方法在需要问题研究中的具体运用。人体解剖是猴体解剖的一把钥匙，最简单的范畴只有在最发达的社会形态下才能得到充分的表现，才有可能被人们所理解。一些研究者在对需要的研究中也注意到马克思的人体解剖的研究方法的重要意义，并尝试着运用这种方法对网络信息社会的一些现象予以分析和说明。比如，波斯特就强调："对电子化信息方式的解剖必然会使口头传播及印刷传播的信息方式的解剖更加明白易解。"[①] 实际上，对于人的需要的演化而言，信息交流方式的演化并不是其决定性意义的东西，反倒是，信息交流方式的演化，在根本上要将生产方式的变革作为基础。单纯地着眼于信息方式的变革以及它对社会历史现象的影响，实际上是一种唯技术论的主张。在这个意义上，我们可以认为，波斯特看到了决定人的需要演变的背后的那些信息技术手段，但却没有进一步去思考和发现决定这些信息技术手段的最根本的东西。为了说明在需要的演变中虚拟需要呈现的必然性，笔者尝试以一种新的方式来理解需要演变的阶段与信息传播的发展之间的关联性。这种理解在形式上借鉴了波斯特对人类社会发展形态的划分，但在方法上重新回到了马克思。按照我们的理解，人类社会如果以信息传播的特点为依据进行划分，它与人的需要的演变阶段具有如表 2-1 所示的这种关系。

① 马克·波斯特．信息方式：后结构主义与社会语境 [M]．范静哗译．北京：商务印书馆，2014：11．

表2-1　信息传播与需要演变

历史阶段	阶段名称	信息传播的特点	人的需要的演变
第一阶段	口头传播阶段	人与人以符号对应的方式进行语言交流	一体化的需要的呈现
第二阶段	印刷传播阶段	人与人以信号表征的方式进行自主交流	分化了的需要
第三阶段	电子传播阶段	人与人以电子媒介的方式进行多元交流	虚拟化的需要

按照这种分类，人类社会的发展历史可以划分为三个阶段。在第一个阶段，信息传播的方式主要依靠口头传播来进行，在这种面对面的以语言符号为主的交流中，人的需要作为一个整体出现，在交流中能够得到最直接的、最有效的表达。这种交流方式没有为需要的二分以及与之相伴随的双重特征的呈现提供可能。这种交流的特征是符号对应，也就是口头交流中言语的相互回应。它没有为关于需要的其他构想提供生长空间。在第二个阶段，技术的发展促使印刷品广泛获得利用和传播。信息交流的媒介和方式首次得以大规模扩展，人与人之间的交流获得了更加丰富的、更具有创造力的内容。在以印刷品为主导的信息交流中，人与人之间的交流首次大范围地突破了时空的局限，使主体得以以一种更加能动的方式呈现自身的各种需求。正是在这个阶段，对人的需求的各种二元划分大量涌现，需要的分化成为可能。比如，正是在印刷品大规模传播的阶段，关于乐土、天国、桃花源、乌托邦等的虚假需要开始与关于土地、工具、生活资料等的现实需要一起变得流行起来。当然应该强调，印刷品的大规模传播只是需要分化的现实诱因之一，而且仅仅是在以信息传播的特点为依据进行分析的时候才是有效的，需要分化的最根本的原因当然仍要在生产方式的变革、在经济基础当中去寻找。但是，以印刷品的大规模传播为基础（非根本的）来说明需要的分化，也有它独特的视野。比如，印刷品的出现使得主体在阅读中更容易被构建

成为一个理性的、以自我为中心的自主体（因为在阅读中，主题无法得到来自印刷品的作者的即时、有效的回应）。这样一个自主体显然更容易产生各种多样化的需求。所以，无论是地位尊崇的王公大臣、生活无忧的巨贾富商还是可怜不幸的街头乞儿，在面对印刷品时都会受到其中所描述的景象的影响，进而呈现出对某种幻觉的需求。在这里，对幻觉的需求，并不是直接因为生活不幸所引起的，而是由对印刷品的阅读而引起的。在第三个阶段，计算机网络等电子信息媒介的广泛应用，使人类的信息交流方式跨越到一个崭新的高度。在这一阶段，不但跨越时空的即时交流成为可能，而且专门的以交流为目的的虚拟空间被大量创造出来。与其说是信息交流的效率得到提升，毋宁说是人类正在逐步向信息透明的目标迈进。在这种形式的交流中，参与者的身份、地位、知识背景、价值取向都被一层神秘的面纱所遮蔽，交流变得更加多元化、多样化。也正是在这种交流中，人的需求的虚拟特性呈现出来，虚拟需要与现实需要之间的二元对立呈现出来。这种新的对需要的二元对立的理解，并不是以往对需要的二元对立式理解的简单继续，而是以正确的、现实的方式呈现出了以往的需求形式以歪曲的方式表达的东西。也就是说，以往时代的需求形式，无论是一体化还是分化，都不过是需求的现实性和虚拟性的一个模糊的投影。正如我们前面所指出的，虚拟性和现实性是我们理解需要的不可或缺的两个方面，只有当网络信息社会的到来把需要的虚拟特性以虚拟需要的形式呈现出来的时候，对于需要的真正的、科学的理解才成为可能。

信息技术特别是虚拟技术近年来已经成为整个社会的技术支撑，它以极快的速度把社会各部分、各行业，以及每个个体联系在一起，形成了一个前所未有的“虚拟社会”。在现实世界中的需求的对象，正以惊人的速度被虚拟世界所复制，人的虚拟需求的对象大范围扩展。互联网的出现不仅改变了我们的生活方式，使人与人之间的距离缩短，世界范围内的信息瞬息可得，也在很大程度上改变了现有的生产方式。信息开始在生产中扮演着不可替代的角色，生活方式和生产方式的变化必然会带来人们需要的变化。在网络社会中，物的使用价值被置于次要的地位，人们更关注物的符号特性，物的符号特性更被人们所需要。对于虚拟需要，就人而言就是人的需要的虚拟性在网络上的呈现，这是与人的现实性相对立的虚拟性方面。人的需要不仅具有现实性，在网络出现以后更加呈现出虚拟性的特征。人的现实性需要和人的虚拟性需要共同构成完整的人的需要体系。而且人的虚拟需要更是随着网络的发展而发展、生长而生长，不得不引起我们的重视。就需要自身的历史而言，需要的虚拟性与现实性凸显的程度极不一致，当现实的一面以衣食住行用这些基本的需要样式真实呈现的时候，需要的虚拟的一面却以虚假的需要、虚幻的需要、精神的需要等方式隐藏自己。所以，我们在网络信息世界中可以找到以往的所有那些与现实相对应的需要的特征。

综上所述，我们对虚拟需要有如下这样一些维度的认识。从信息传播方式自身变化的特点来说，虚拟需要是与信息的电子传播阶段相适应的人的需要，是人的需要的虚拟性在当前这一特殊社会阶段的表现。也就是说，在以往的社会形态当中，以其他多种形式表现的需要的虚拟性在网络信息社会获得了它的最真实的呈现。从精神（非物质）与物质的区分层面而言，信息社会中所产生的各种虚拟需要无疑属于精神需要的层面，也可以说虚拟需要即人的各种精神性需要在网络信息社会的呈现，所有与网络社会有关或者由计算机技术的应用而产生的精神性需要都属于我们的研究范围。首先虚拟需要的对象物是虚拟事物，而非以物质形式存在的现实事物。这些需要可能出于个人自我发展而产生，也可能因为炫耀、攀比、宣泄等出现。这个定义规定了本书所要研究的两个方面的内容：第一是研究人们对网络的依赖性。网络信息社会的高速发展一方面给人们的生活带来了极大的便利，另一方面也使人们对网络的依赖性与日俱增。互联网的诞生被认为是一场社会的革命，甚至有人认为没有互联网的话，人类将不可能存在。人类为什么如此需要互联网，互联网究竟满足了人们的哪些需要，以及又有哪些新的需要产生于互联网，都是本书研究的重点。第二是研究人们在网络的条件下产生的各种精神性的需要。精神性需要一直是以往需要理论研究中的一项重要内容，其内涵非常广泛。马克思曾谈到过人对意识的需要，广义上看可以算作是精神需要。马斯洛需要层次理论中所涉及的较高层次的需要——归属和爱的需要、自尊的需要、认知的需要、审美的需要、自我实现的需要等都属于精神性的需要。在网络条件下，人与人之间的关系更加紧密，信息交流的速度加快导致人的精神性需要被无限放大。虚拟需要的研究就显得尤为重要，一方面可以促进人的精神性需要的满足，另一方面也可以避免某些不利于人的全面自由发展的精神性需要的滋长。

第三节　虚拟需要的相关概念辨析

一、虚拟需要与虚假需要

与虚拟需要容易发生混淆的最主要的一个概念就是虚假需要。虚假需要通常与“错误的需要”“人为的需要”归为一类，并与另外一种类型的需要即“真实的需要”或者“现实的需要”放在一起，被加以对照。但是，在对虚假需要的讨论当中，有一个重要的但又始终存在争议的所谓标准性的问题存在，那就是：究竟谁有权力决定人的需要实际上是哪一种类型？有一种看法认为，对于需要之所以会产生这样的一种分类，其理论上的一个重要的来源在于那些所谓的社会批判理论。社会批判理论谴责社会，因为它们认为在根本上是社会造成了人们的虚假需要这一事实。“这些人的谴责允许压迫和剥削的社会制度的结构和动力。他们也谴责那些获益群体，这些群体通过创造异化的社会结构、通过将‘缄默的大多数人’的需要及满足物的选择控制在他们所规定的方向而以其他人为代价来支持这样的社会制度并从中获利。”[①] 这样看来，虚假需要之所以虚假、不真实，就在于它存在的目的在根本上不是为了满足需要的主体自身的利益，而是为了满足少数的对于需要的选择具有控制力的人的利益。马尔库塞对真实需要和虚假需要的著名区分，就是这种社会批判理论在人的需要问题上的一个具体体现。

对于真实需要和虚假需要的区分，确实在一定程度上呈现了发达资本主义条件下人的需要的一些表现样式。但是这种区分是有问题的。其最主要的问题就在于，我们究竟凭借什么判断一个人的需要是真实的或者虚假的。在这种区分中，主体自身的意愿和判断似乎并不是决定性的。比如，当一个人自己认为他对某种物品的需要是真实需要的时候，我们有什么理由断言他的这种需要不是真实的，而是虚假的？正如赫勒所强调的，对一个人的需要做出最终裁判的只能是这个人自身。勒德雷尔甚至干脆把那种区分真实需要与虚假需要的做法看作是一种傲慢。再者，在判断需要的真实与虚假时，是否只有理性的决定才能被作为终极的判定因素？如果是这样的话，对于那些非理性的需要我们应该如何看待？非理性的需要是否也应该经过理性的判断和筛选之后，才有可能成为真实需要的候选项？实际上，在对真实需要和虚假需要的二分当中，还涉及对主观需要与客观需要的设定与混淆。主观需要亦被称为需要的主观含义，其定义是从实然与应然之间的差距来界定的。比如，相对于我实际上已经具有的东西而言，我在主观上认为我还应该具有的那些东西，就是我的主观需要。可以说，主观需要的界定当中突出的是主体的第一人称视角。而客观需要或者需要的客观含义，则是无视主体自身的主观感受，是在第三人称立场上判定这个主体所应该具有的东西。在这种意义上，真实需要与虚假需要的区分和对立，也源自主观需要和客观需要之间的对立。而后者的对立更是实证主义与社会批判主义之间的对

① 凯特琳·勒德雷尔．人的需要 [M]．邵晓光，孙文喜，王国伟，等译．沈阳：辽宁大学出版社，1988：292.

立的体现。

实际上，我们以上所述的种种二元对立，归根到底都受制于一种不完善的、片面化的思维方法。就主观需要与客观需要而言，如果我们把它理解为两种截然对立的需要类型，那么在主观需要与客观需要的认定中就会发生冲突。比如，在我看来明显不需要的东西，但在第三人称的持有者看来，可能就是某种“不以我的意志为转移的”我应该具有的东西。而我主观上认为我应该具有的东西，则有可能被第三人称视角判定为不应该具有的东西。这样一来，主观需要和客观需要就都没有理所当然的合理性。像赫勒等人那样赋予主观需要唯一的支配和选择权力只是看起来具有很强的合理性，在现实操作中往往会出现各种各样的问题。比如，就吸毒成瘾或者沉迷于虚拟世界的人而言，其主观判定的“应该”显然并不应该享有优先权。笔者认为，之所以出现这样的矛盾对立，恰恰是由对真实需要与虚假需要、客观需要与主观需要之间的关系的不正确理解造成的。真实需要与虚假需要、客观需要与主观需要不应该是以类型对立的形式出现的，而应该被理解为现实的人的需要的不同维度。对于需要的真实与虚假的问题，我们不可能通过在理论上设定某种万能的方法去作出区分，而只能够依靠现实的人在生活实践中去检验和区分。哪些是主体真正应该具有的需要，哪些是社会批判理论者所深恶痛绝的虚假的需要，只有在现实世界的生活实践中才能找到最终的判定依据。

真实需要与虚假需要的区分标准的问题，在根本上是一个无解的问题，之所以如此，就在于对于需要的这种划分方式本身就是有问题的。真实需要这一概念想要表达的，无非就是那些应该获得人自身以及社会普遍认可的需要，是应该将个体价值标准与社会的（第三人称）价值判定标准统一起来的需要。真实需要强调的是一种应然关系。这种应然关系如何成立则是一个必须予以说明的问题。一些研究者从人自身的感受、欲望、理性等方面为这种“应该”寻找依据，也有一些论者从社会自身的发展、要求出发来说明这种应然关系。但是这两种标准始终无法被统一起来。现实需要这个概念克服了这种矛盾。即便是那些已经实际存在的需要，如果它不是合理的、不是在社会发展中以及人的自我实现和发展中必然要求满足的需要，那它就是不现实的需要。这样一来，真实和虚假之间僵化的、刚性的对立被打破了，在现在看来是真实的需要，在将来就有可能变成虚假的了，因为在现实性的视野下，没有任何固定不变的需要。虚假并不意味着不现实，它不是现实的反面，虚假只是表达了这种不现实性的一个方面。在现实需要中没有的东西，社会总会以虚拟（模拟、模仿、虚幻等）的形式把它呈现出来。但是这种虚拟并不总是虚假的，其中也包含一些现实的成分。比如，它包含着一些真正合理的，但现在还无法满足的需要。所以，与现实相对应的不是虚假，而应该是虚拟。

二、虚拟需要与非物质需要

对需要的研究不能不同时考虑需要的满足物的性质。约纳·弗里德曼曾用生物学术语对需要进行界定，并在此基础上考察了需要的满足物的性质。在他看来，需要就是“有机体偏离欲望状态的信号”[①]。按照这种界定，人的需要就是一种信号，这种信号的产生就意味着有机体处于一种与其欲望状态相偏离的状态之中。所以，需要也就是有机体借助某种满足物对其自身状态的一个调节过程。在这个调节过程中，有两种因素至关重要。一是需要的满足物，二是作为需要的信号。首先，我们来看一看作为需要的信号。按照这种观点，作为需要的信号是有机体自身的精神层面的东西，如果这种信号被有机体接收到并出现在其意识当中，那么，这种需要就是一种有意识的或者显性的需要。一个值得注意

① 凯特琳·勒德雷尔．人的需要[M]．邵晓光，孙文喜，王国伟，等译．沈阳：辽宁大学出版社，1988：158.

的有趣的现象是，并非人的所有需要都能够被自己意识到。有心理学的研究表明，人同时仅仅能够意识到为数不多的需要，而且人的需要的意识也是不断变化的。比如，那些长期得不到满足的需要，或者其满足过程遇到挫折和阻碍的需要，在一段时间内会作为一种规则自动地浮现到人的意识当中，表现为某种具体的需要形式。反之，那些在正常情况下很容易得到满足的需要往往在很多情况下会进入下意识当中，不易为人所知。这就是为什么呼吸正常的人，平时都意识不到对空气的需要。所以，就需要作为一种信号而言，它既可以是显性的、被意识到了的需要，又可以是隐性的、下意识的需要。按照这种理解，需要本身都是精神性的、非物质的东西，通常所谓的对精神需要和物质需要的区分，实质上是从需要的满足物或者对象物的角度加以区分的。

其次，我们来看一看需要的满足物。对需要的满足物的说明无论在任何时候都与对需要本身的说明是一体的。弗里德曼也认为："很明显，对需要下定义不能不同时对相应的满足物下定义。我们所研究的概念因而能被合理地称为需要满足物偶合。如果某人提到某一具体需要，而这种需要没有可识别的或能施加的满足物，那么或者指这种需要对于有机体不重要（不满足这种需要有机体也能继续存在），或者指需要是重要的，但这种需要不能加以满足（发生这种情况时有机体死亡，这意味着需要的中止）。"[①] 按照需要的满足物的性质，需要可以被进行多种分类，如重要的和不重要的、可满足的和不可满足的、质上的和量上的、物质的和非物质的等。在这众多的类别当中，非物质需要是经常容易和虚拟需要相混淆的一对概念，我们在此予以辨析。

非物质需要（精神需要）一般被认为是针对物质需要而言的。而且物质需要与非物质需要总是成对出现的，因为人们所需要的满足物总是成对出现的。但是对于物质需要和精神需要的理解以及区分常常存在一

① 凯特琳·勒德雷尔．人的需要 [M]．邵晓光，孙文喜，王国伟，等译．沈阳：辽宁大学出版社，1988：158.

些误区。这种误解首先就表现在，人们通常没有意识到，每一种需要都是包含有物质的和非物质的两个方面的内容，对非物质的东西的需要具有物质的东西作为基础，对物质的东西的需要也要求有对非物质的东西的需要相伴随。如果没有纸笔和弓箭（或类似的其他工具），如果对动物的行为习性一无所知，那么马克思关于上午打猎、晚饭后从事批判的理想就无从实现。其次，在对需要的层次的分析尤其是对基本需要的分析中，人们着重强调的是那些包括衣食住行用在内的需要的物质满足物，而需要的那些社会满足物、精神满足物似乎从来都不属于人的基本需要的序列。它们在层次上属于更高级的需要，而在满足的顺序上则排在后面。就常用的真实需要与虚假需要的区分而言，在基本需要尚未得到满足的情况下，去觊觎那些高层次的需要，那么这种需要就是虚假的需要。这种理解的缺陷表现在两个方面：一是把人的生物属性放在首要的考察地位，并将之与人的其他方面的属性截然地区别开来；二是把人想象成处于孤立状态的人。按照这种理解，人的基本需要就是那些如果得不到满足，人本身的生存就会受到威胁的需要。如果说人具有生物需要是普遍正确的，但这并不意味着一般的人的生活能够以纯粹生物学术语加以解释。① 现实的人的需要，是精神需要与物质需要的一个复合。我们可以在思维的层面作出关于精神需要和物质需要的二分，但是如果把两者截然对立起来，那就意味着，在突出物质需要的现实性的同时，否定了精神需要的现实性。

按照马克思的理解，物质的东西不只是有形的实物，它是与存在和现实相应的范畴。对于需要而言，精神需要和物质需要都是现实的人的现实需要。“不吃嗟来之食”“舍生取义”等体现的正是把精神层面的需要作为基本需要。虚拟需要是相对于现实需要而言的，我们认为对于需要的这种区分优于传统的关于需要的物质和精神二分，并能避免后者

① 凯特琳·勒德雷尔．人的需要[M]．邵晓光，孙文喜，王国伟，等译．沈阳：辽宁大学出版社，1988：252.

上述的种种不足。虚拟需要主要研究需要的虚拟性，与需要的虚拟性相对的就是需要的现实性。现实性的需要即自我意识到的为了自身的生存发展而对外界事物的各种要求，而需要的虚拟性主要研究在网络信息社会等一些虚拟技术的使用中从外界强加在个体之上的需要，而个体由于种种原因误认为是自己现实性需要的各种需要。整个世界都是一个现实的世界，与虚拟需要和现实需要相对应的是内部现实和外部现实。虚拟需要就是在以外部现实为基础的条件下所产生的对内部现实的需要。当前虚拟现实技术正在飞速发展，这种技术就是以模拟的方式将外部现实的情景在内部现实中再现。传统的精神需要与物质需要的界限在此逐渐模糊，外部现实与内部现实的界限却清晰起来。厘清需要的现实性和虚拟性，尤其是分析虚拟需要的本质，有助于我们摆脱虚拟需要的各种桎梏。人是现实性和虚拟性共存的生物体，虚拟性是人的理性的最重要表现，离开虚拟性，人的现实性就失去了光彩。对于人的现实性需要比较容易把握，而对于人的虚拟性需要则变得难以捉摸。尤其是网络信息社会，人的虚拟性特征被不断放大，虚拟性的需要通过网络的条件飞速传播。人的虚拟需要不是自网络而始，却随着网络的出现蓬勃发展。随着网络技术尤其是虚拟实在技术的广泛应用，人们在真正意义上实现了从现实到虚拟的过渡，人们的日常生活也具有越来越多的虚拟的成分。可以毫不夸张地说，我们正站在现实与虚拟之间转换的一个关节点上，现实与虚拟边界开始模糊，对现实与虚拟的重新思考和界定才刚刚开始。互联网重新定义了人类对自身存在的目的，也使现实性需要走上了被虚拟性需要异化的轨迹。

第三章

马克思需要理论视野中的虚拟需要

马克思生活的时代是机器大工业和传统产业兴起和蓬勃发展的时代。资本主义的兴起和发展既魔法般地召唤出巨大的社会生产力，同时也使以往社会历史条件下人们不可能真正认识的种种现象、规律、本质逐渐向人们解开其神秘的面纱。马克思敏锐地意识到需要这一范畴在人的社会生活和社会历史理论研究中的重要性，创立起了其独具魅力的需要理论体系。这一需要理论不但对于理解当时的人们的各种需要，对于传统需要理论的革命性变革具有重要意义，而且对于我们在新的社会历史时期、在新的技术条件下理解虚拟需要这样一种新的需要形式，也具有不可替代的作用。本章我们将在对经典的马克思需要理论进行分析和梳理的基础上，着重研究马克思需要理论对于虚拟需要的研究所具有的方法论意义。

第一节　马克思需要理论的理论体系

在马克思以前，各种哲学、社会学、心理学的研究已经建构起了难以计数的关于需要的理论。马克思在对需要进行理解和规定时并没有“另起炉灶”重新规定需要的含义，而是在需要的原有理解的基础上对之进行了改造。这种改造实质上是一种扬弃。其结果就是产生了作为马克思主义理论重要组成部分的马克思需要理论。马克思从分析需要与生产的关系、需要与人的本质等方面出发，多层次、多维度地分析和阐明了人的需要，不仅提出了必要需要的概念，更阐述了社会需要的含义，构建起自己的独具特色的需要理论。

一、需要概念的内涵及其在马克思主义理论中的地位

马克思在关于需要的理解之上增加了新的内容，从人的本质、人的生存发展和人的社会发展三个层面来对需要进行理解和规定，以此形成了他自己关于需要的独特见解。研究马克思的需要内涵，可以从马克思关于需要范畴的使用上入手。以下我们就尝试从这三个方面分析马克思对需要概念的理解。

1. 需要是人的本质力量的体现

人具有不同层次的需要，在这些不同层次的需要中，人的各种不同属性分别呈现出来。正如对食物的需要体现着人的有机的身体的自然需要一样，对社会交往的需要能够呈现出人的社会需要。马克思认为人的需要可以成为理解人的本性的一条路径，他指出，“人的需要即人的本性”[①]，人首先受自身的肉体组织制约具有各种的自然需要，“劳动这种生命活动、这种生产生活本身对人来说不过是满足一种需要即维持肉体生存的需要的一种手段”[②]。人不仅是自然的存在物，更是有生命的自然存在物，作为有生命的自然存在物其最大的特点就是有需要。同时在满足自己生存需要而进行的社会生产活动中又产生了各种社会需要。各种需要的存在体现了人的本质特征，在此基础上马克思把需要看作是体现人的本质力量的必不可少的对象。

① 中共中央马克思恩格斯列宁斯大林著作编译局．马克思恩格斯全集：第 3 卷 [M]．北京：人民出版社，2006：514.

② 中共中央马克思恩格斯列宁斯大林著作编译局．马克思恩格斯选集：第 1 卷 [M]．北京：人民出版社，2012：56.

2. 需要是人的生存发展状态的体现

马克思在《德意志意识形态》中谈到了需要与人的生存发展状态的关系。需要是生存的前提。“人们为了能够‘创造历史’，必须能够生活。但是为了生活，首先就需要吃喝住穿以及其他一些东西，因此第一个历史活动就是生产满足这些需要的资料，即生产物质生活本身。”[①]也就是说人的生产与人的需要是相一致的，所以说，需要体现着人的生存发展状态。马克思确立了自己考察人的本性、人的生存发展状态的出发点——人的生产活动。在马克思看来，人的自然需要没有办法把人同动物区别开来。“动物只是在直接的肉体需要的支配下生产，而人甚至不受肉体需要的影响也进行生产，并且只有不受这种需要的影响才进行真正的生产。”[②]为了需要而生产，有意识的生产活动又把人和动物区别开来，从这个意义上讲，需要成为人的生存发展状态的最有力的体现。

3. 需要是人的社会发展状况的体现

社会的发展状况受到人们需要满足程度的制约，而需要满足的状况又受制于当时社会的生产力发展水平与生产关系，因此需要也体现了人的社会发展状况。当社会的生产发展水平仅限于满足人的生存需要时，那么当时的社会发展一定会处在比较低层次的发展水平上。如果人的需要发生异化，被当作满足劳动以外的那些需要的手段时，那么当时的社会一定存在着私有制和社会分工。同理如果人的需要都得到最大限度的满足，那这种情况只有在共产主义社会才会出现。在此意义上，需要的

---

① 中共中央马克思恩格斯列宁斯大林著作编译局．马克思恩格斯选集：第 1 卷 [M]．北京：人民出版社，2012：158.

② 中共中央马克思恩格斯列宁斯大林著作编译局．马克思恩格斯选集：第 1 卷 [M]．北京：人民出版社，2012：57.

在讨论哲学、政治经济学、科学社会主义等问题时，对需要的类别和体系都有涉及。在马克思看来，需要也具有不同的类型，并且各个需要类型之间具有鲜明的层次性。根据需要的对象和层次，可以把需要的类型分为三类：①自然需要。这类需要是“维持肉体生存”[①]的需要，自然需要是人最基本的需要，因此马克思也称之为“必要的需要”“必需的需要”。自然需要是人作为生物体得以存在的最基本需要，当然人的自然需要也不是一成不变的，也会随着社会发展水平的变化而变化。②社会需要。人作为社会存在物，必然具有社会需要。社会需要相对于自然需要，属于人的高层次的需要。社会需要是在满足自然需要的生产实践活动中产生的，因为社会的生产和交换而存在，它不再以维持人的肉体生存为直接目的。社会需要在一定程度上也反映着当时的社会生产关系状况。③精神需要。精神需要相对于自然需要和社会需要来说，代表着更高层次的需要，是在自然需要和社会需要得到满足的基础之上产生的，如受教育的需要、交往的需要、爱的需要等。在这三种需要之外，马克思还辩证地提到了必要需要、奢侈需要以及两者之间的转换关系：以前表现为奢侈的东西，现在成为必要的了。

马克思通过对需要的类型和层次的研究，深刻揭露了资本主义条件下工人和资本家在发展方面的差异性，与资本家“文明的、考究的”需要相比，工人的需要是“粗陋的、简单的”。在资本主义条件下，工人的需要被严重异化。马克思认为之所以发生这种状况，主要是因为生产力不够发达，社会所能够提供的可供支配的财富有限：“只要生产的规模还没有达到不仅可以满足所有人的需要，而且还有剩余产品去增加社会资本和进一步发展生产力，就总会有支配社会生产力的统治阶级和贫穷的被压迫阶级。”[②]因此一些人借助权利或者资本的优势迫使另一些人

① 中共中央马克思恩格斯列宁斯大林著作编译局．马克思恩格斯选集：第 1 卷 [M]．北京：人民出版社，2012：56.

② 中共中央马克思恩格斯列宁斯大林著作编译局．马克思恩格斯选集：第 1 卷 [M]．北京：人民出版社，2012：303.

为满足他们的需要服务，由此造成了一部分人对发展权利的垄断。而另外一些为他人需要服务的人则失去了发展的权利，从根本上造成了工人阶级与资产阶级的对立。因此，要实现人的需要的最大丰富，实现人类的解放，必须从根本上改变需要被异化的状况。换言之，人类的解放首先是人的需要的满足，“由社会全体成员组成的共同联合体来共同地和有计划地利用生产力；把生产发展到能够满足所有人的需要的规模；结束牺牲一些人的利益来满足另一些人的需要的状况；彻底消灭阶级和阶级对立”①。

三、马克思需要理论的核心内容

马克思需要理论最核心的内容就是需要与人的关系问题，其关于人的重大问题的回答形成了独具特色的马克思需要理论，也成为马克思需要理论最有价值的核心部分。

1. 需要与人的需要的内在规定性

在马克思看来，需要与人的本质密切相关。马克思在论述私有财产与需要时说：“在社会主义的前提下，人的需要的丰富性具有什么样的意义，从而某种新的生产方式和某种新的生产对象具有什么样的意义。人的本质力量得到新的证明，人的本质得到新的充实。”② 正是任何人都具有需要，才促使人们开展各种实践活动，在此过程中人的本质力量也得到增强，并且形成各种社会关系。需要的内在规定性要求需要必须

① 中共中央马克思恩格斯列宁斯大林著作编译局．马克思恩格斯选集：第 1 卷 [M]．北京：人民出版社，2012：308.

② 中共中央马克思恩格斯列宁斯大林著作编译局．马克思恩格斯文集：第 1 卷 [M]．北京：人民出版社，2009：223.

得到满足，这就意味着人必须开展有意识的社会实践活动，这种有意识的、能动的实践活动以生产需要所指向的对象物为目标。而且需要不是一成不变的，必然随着社会和人的发展不断发展变化。“文明程度的提高，这是工业中一切改进的无可争议的结果，文明程度一提高，就产生新的需要、新的生产部门，而这样一来又引起新的改进。”[①]需要随着生产的进步不断发展，是一种前进的上升的运动。它并不是一个简单的需要的叠加，而是一种层次上的进步，是质的提升。需要激发生产的进步，生产的进步又反过来促进需要质的提升，如此循环往复，在需要和生产之间形成了一种螺旋式上升的关系，由此更促进了人的本质力量的提升。

2. 需要对于人的意义

需要与人之间的本质、必然的联系决定了需要对于人具有积极的意义。马克思指出：人作为自然存在物，而且作为有生命的自然存在物，一方面具有自然力、生命力，是能动的自然存在物；这些力量作为天赋和才能、作为欲望存在于人身上；另一方面……欲望的对象是作为不依赖于他的对象而存在于他之外的；但是，这些对象是他的需要的对象；是表现和确证他的本质力量所不可缺少的、重要的对象。[②]“全部历史是为了使‘人’成为感性意识的对象和使‘人作为人’的需要成为需要而作准备的历史（发展的历史）。”[③]马克思这段话充分说明了需要对于人的积极意义，“人作为人”体现了人的本质发展的最理想状态，而要实现“人作为人”，必须使这种需要成为人们最普遍的需要。这样整个历史就

① 中共中央马克思恩格斯列宁斯大林著作编译局．马克思恩格斯文集：第 1 卷 [M]．北京：人民出版社，2009：102．

② 中共中央马克思恩格斯列宁斯大林著作编译局．马克思恩格斯文集：第 1 卷 [M]．北京：人民出版社，2009：209．

③ 中共中央马克思恩格斯列宁斯大林著作编译局．马克思恩格斯文集：第 1 卷 [M]．北京：人民出版社，2009：194．

成为满足“人作为人”这种需要的历史，而需要的满足成了衡量人生价值的重要标准。价值是一种关系属性，体现了主客体之间的关系，这种关系的重心在于主体，是主体按照自身尺度对客体进行选择、衡量和要求的结果，它最终表现为客体为主体的需要及其发展服务。[①] 人的需要的实现必须依靠人自身来完成，而在实现人的需要的过程中，人所表现出来的创造力、想象力、意志力都是人的本质力量的体现，价值的实现过程也是人的本质力量不断得到确证的过程。人通过实践活动把自己的本质力量对象化，奉献给社会自己的对象化产品，通过社会的反馈信息来确证价值的实现与否。

3. 需要的满足

需要的满足意味着实现需要的条件的满足，对于马克思需要理论体系来说，需要的满足是马克思需要理论最具特色的部分。需要的满足有多方面的层次和内容，而无论哪种层次和内容的需要的满足都要将生产力的特定发展水平作为前提条件，同时还需要一定的生产关系。人必须在一定的生产关系中才能实现自身需要的满足，马克思也反复强调过生产关系对于人的需要满足的积极作用。由于人无法独自完成自己的各种需要，只能通过集体的方式来进行，因此就必然形成一定的社会关系。在这个过程中，人们不仅是必然，而且是必须建立一种社会关系，不然就不可能形成一种社会关系来集合集体的力量。同时需要也影响着生产关系的生成，“物质生活的这样或那样的形式，每次都取决于已经发达的需求，而这些需求的产生，也像它们的满足一样，本身是一个历史过程”[②]。综上可见，需要的满足必须具备两个条件，第一是一定的社会发

① 李德顺．价值论 [M]．2 版．北京：中国人民大学出版社，2007：36．

② 中共中央马克思恩格斯列宁斯大林著作编译局．马克思恩格斯文集：第 1 卷 [M]．北京：人民出版社，2009：575．

展水平，第二是具有一定的社会关系，两者必不可少，缺一不可。

4. 需要的社会功能的实现

在私有制社会，需要是私有制发展的动力。马克思在分析 17 世纪英国资本主义发展时指出，商业和工场手工业在英国的集中为英国创造了相对稳定的世界市场，因而也造成了旧的工业生产力不能够满足对这个国家的工场手工业产品的需求，而这种需求为当时英国私有制的发展提供了动力。“这种超过了生产力的需求正是引起中世纪以来私有制发展的第三个时期的动力，它产生了大工业——把自然力用于工业目的，采用机器生产以及实行最广泛的分工。”[①] 这意味着资本主义的发展需要通过某种方式呈现出一个始终超出其生产力发展水平的需求，为其自身提供动力。

第二节　马克思需要理论的理论实质

马克思需要理论是马克思关于人的问题研究的整体框架的一个重要部分，他对人的问题的研究和解决是在其所处的特殊的社会历史条件下与现实碰撞的结果。马克思需要理论是以实现人的彻底解放为目标的，人的彻底解放目标的提出就是马克思从现实出发的必然结果。马克思的革命和理论从一开始就表现出与其他思想家不同的理论特质——现实性，这种现实性的特质造就了马克思主义理论与众不同的理论基调，从而为现实的人的发现、为人的需要理论的研究指明了方向。

---

① 中共中央马克思恩格斯列宁斯大林著作编译局．马克思恩格斯选集：第 1 卷 [M]．北京：人民出版社，2012：193-194．

一、从现实的人到现实的需要

“全部人类历史的第一个前提无疑是有生命的个人的存在。因此，第一个需要确认的事实就是这些个人的肉体组织以及由此产生的个人对其他自然的关系。”①马克思在这里分析了个人形成的自然基础，其中物质生活条件是个人存在的必备条件，“人们生产自己的生活资料，同时间接地生产着自己的物质生活本身”②。马克思认为人们从生产自身所需要的生活资料开始就自然而然地与其他动物区别开来，而人们生产自己的生活资料的方式就取决于人们自身的需要和生活资料本身的特性。而在这个意义上说，生产方式就意味着人们一定的活动方式，也可以说是人们一定的生活方式。“个人怎样表现自己的生命，他们自己就是怎样。因此，他们是什么样的，这同他们的生产是一致的——既和他们生产什么一致，又和他们怎样生产一致。因而，个人是什么样的，这取决于他们进行生产的物质条件。”③

1. 感性的

马克思所谓的“现实的人”，首先是感性的个人，马克思认为“没有自然界，没有感性的外部世界，工人什么也不能创造”④。马克思在“现实的人”的看法上与黑格尔的唯心主义哲学分道扬镳。他继承了费

① 中共中央马克思恩格斯列宁斯大林著作编译局．马克思恩格斯选集：第1卷[M]．北京：人民出版社，2012：146.
② 中共中央马克思恩格斯列宁斯大林著作编译局．马克思恩格斯选集：第1卷[M]．北京：人民出版社，2012：147.
③ 中共中央马克思恩格斯列宁斯大林著作编译局．马克思恩格斯选集：第1卷[M]．北京：人民出版社，2012：147.
④ 中共中央马克思恩格斯列宁斯大林著作编译局．马克思恩格斯选集：第1卷[M]．北京：人民出版社，2012：52.

尔巴哈感性的概念，认为感性活动才是现存世界的基础，因此感性的人才是现实的人的第一个前提。但是马克思却不认同费尔巴哈的“抽象的人”的概念，他研究的人是“现实的、活生生的人”。要理解现实中的人，必须把人放在历史活动中去考察。因此马克思抛弃了费尔巴哈的抽象王国而找到了一条通往现实世界的道路。马克思还从生产的角度研究现实的人，认为物质生产是现实的人存在的物质基础。“这里所说的个人不是他们自己或别人想象中的那种个人，而是现实中的个人，也就是说，这些个人是从事活动的，进行物质生产的，因而是在一定的物质的、不受他们任意支配的界限、前提和条件下活动着的。”①现实的人的观念的产生是有一定条件限制的，观念的范围仅限于关于自然界的、关于现实的人的社会关系的或者关于自身的。因为只有在这种条件下，现实的人的观念才是他们的现实关系和活动、他们的生产状况、他们的交往活动、他们的社会组织和政治组织的有意识的表现。这种表现不管是现实的还是虚幻的，都是客观现实的反映。而他们对现实虚幻的反映，则是由于物质生活条件的局限性。“我们的出发点是从事实际活动的人，而且从他们的现实生活过程中还可以描绘出这一生活过程在意识形态上的反射和反响的发展。甚至人们头脑中的模糊幻象也是他们的可以通过经验来确认的、与物质前提相联系的物质生活过程的必然升华物。”②

由此可见，马克思对人的考察是以现实为前提的，这里的人，不是“处在某种虚幻的离群索居和固定不变状态中的人”，而是处在现实中的、用我们的经验可以感受到的、处于一定的社会关系中的感性的个人。马克思继承费尔巴哈的观点，把人看作“感性对象”，但是他又批判费尔巴哈把人只看作“感性对象”的观点，认为费尔巴哈的观点只停

① 中共中央马克思恩格斯列宁斯大林著作编译局．马克思恩格斯选集：第 1 卷 [M]．北京：人民出版社，2012：151.

② 中共中央马克思恩格斯列宁斯大林著作编译局．马克思恩格斯选集：第 1 卷 [M]．北京：人民出版社，2012：152.

留在理论领域，“他从来没有把感性世界理解为构成这一世界的个人的全部活生生的感性活动”[①]。而没有从人的社会关系、社会活动来看待现实的人。马克思关于现实的人的论述体现了马克思需要理论浓厚的现实情结，马克思从现实的人出发来考察人的需要，把需要作为生产的动力，从现实出发对需要进行层次的划分，可以说，马克思需要理论筑基于“现实的人”的观念之上。

2. 具体的

马克思“现实的人”同样也不是抽象的人，而是具体的人。他反对费尔巴哈把人抽象化，“在费尔巴哈那里情况恰恰相反。就形式讲，他是实在论的，他把人作为出发点；但是，关于这个人生活的世界却根本没有讲到，因而这个人始终是在宗教哲学中出现的那种抽象的人”[②]。在马克思、恩格斯看来，费尔巴哈新宗教的核心就是对抽象人的崇拜，这恰恰是马克思最为反对的。马克思反对把人看作抽象的人，认为人生活在一定的社会关系之中，是一切社会关系的总和。费尔巴哈把人看作抽象的人最终导致他与现实世界相分离。

“现实的人”就是处于一定现实的社会关系之中，从事物质、精神生产和社会生活的人，他“不是处在某种虚幻的离群索居和固定不变状态中的人，而是处在现实的、可以通过经验观察到的、在一定条件下进行的发展过程中的人”。[③]各种不同的社会科学在研究对象的确定上只是揭示了“现实的人”的某一个方面的属性，例如经济学所形成的经济人

① 中共中央马克思恩格斯列宁斯大林著作编译局．马克思恩格斯选集：第1卷[M]．北京：人民出版社，2012：157-158.

② 中共中央马克思恩格斯列宁斯大林著作编译局．马克思恩格斯选集：第4卷[M]．北京：人民出版社，2012：243.

③ 中共中央马克思恩格斯列宁斯大林著作编译局．马克思恩格斯选集：第1卷[M]．北京：人民出版社，2012：153.

的假定。人的社会历史活动就是“现实的人”的社会历史活动，包括了人的各个层次的为满足自身需要而进行的活动。马克思主义认为，人的物质生产活动决定精神生产活动。要说明社会历史发展规律，必须研究人的物质生产活动的社会作用，把人的物质生产活动看作是社会历史发展的客观内容。

人类历史活动的第一个内容，就是生产自己生命维持和发展的物质生活资料，也就是生产物质生活本身。人类历史活动的第二个内容就是人类为了满足新的需要的再生产活动。“已经得到满足的第一个需要本身、满足需要的活动和已经获得的为满足需要而用的工具又引起新的需要。”① 马克思在论述人的需要时仍旧坚持这个原则，就是从现实的人出发对需要进行考察。“从这时候起意识才能现实地想象：它是和现存实践的意识不同的某种东西；它不用想象某种现实的东西就能现实地想象某种东西。”② 马克思从现实出发理解神学、哲学和道德，与费尔巴哈纯粹抽象的概念相比，为一切意识的东西找到了现实的基础。

在《神圣家族，或对批判的批判所做的批判》中，马克思认为“只要他们在意识中改变自己的‘抽象的我’，并把现实地改变自己的现实存在，改变自己存在的现实条件，即改变自己的现实的‘我’的任何行动当做非批判的行为轻蔑地加以拒绝，他们就会现实地发生变化并使自己成为现实的人”③。在这里马克思已经认识到抽象的人的局限性，他已经把现实的人作为其批判的立足点，同时这也证明马克思摆脱了黑格尔“绝对精神”的体系，对黑格尔的“人是精神、思维的”思想在根本上加以否认。马克思已经确立了自己唯物史观的出发点——现实的人，从

① 中共中央马克思恩格斯列宁斯大林著作编译局．马克思恩格斯选集：第1卷[M]．北京：人民出版社，2012：159.

② 中共中央马克思恩格斯列宁斯大林著作编译局．马克思恩格斯选集：第1卷[M]．北京：人民出版社，2012：162.

③ 中共中央马克思恩格斯列宁斯大林著作编译局．马克思恩格斯文集：第1卷[M]．北京：人民出版社，2009：274.

现实的人出发，他认为客观存在决定意识，而不是意识决定客观存在。因此要解决现实中存在的问题，不能从意识中寻找答案，而应该用现实的手段解决现实的问题，也就是用无产阶级革命的手段来解决资本主义社会存在的现实问题。马克思还从德国人的思维方式入手分析为什么人是现实的人而不是抽象的人，现实的人与抽象的人的区别。随后在《国民经济学批判大纲》和《1844 年经济学哲学手稿》中，马克思进一步论述了现实的人的本质，认为现实的人是处于一定社会关系之中的、有着一定的需要的、从事有意识的生产劳动的人，马克思在这里对现实的人的解释就在根本上与费尔巴哈的抽象的人划清了界限。进而在被恩格斯誉为“包含着新世界观的天才萌芽的第一个文献”①——《关于费尔巴哈的提纲》中，马克思对现实的人进行了完整的表达。马克思的唯物主义思想曾深受费尔巴哈的影响，也是马克思走出黑格尔理论体系的工具。费尔巴哈洞悉了黑格尔理论体系的重大问题，即企图以精神改变现实，费尔巴哈的这一发现成为马克思对抗黑格尔唯心主义的理论武器。

3. 整体的

在深入研究费尔巴哈的思想之后，马克思逐渐发现了费尔巴哈哲学的弱点。在费尔巴哈的基础上，马克思发展了自己关于现实的、整体的人的思想，“人的本质不是单个人所固有的抽象物，在其现实性上，它是一切社会关系的总和”②。马克思摆脱费尔巴哈孤立的人的思想，“撇开历史的进程，把宗教感情固定为独立的东西，并假定有一种抽象的——孤立的——人的个体”，“因此，他只能把人的本质理解为‘类’，理解

① 中共中央马克思恩格斯列宁斯大林著作编译局．马克思恩格斯选集：第 4 卷 [M]．北京：人民出版社，2012：219.

② 中共中央马克思恩格斯列宁斯大林著作编译局．马克思恩格斯文集：第 1 卷 [M]．北京：人民出版社，2009：505.

为一种内在的、无声的、把许多个人纯粹自然地联系起来的普遍性”①。马克思对现实的人的理解采用的是一种整体的视角，他把“现实的人”放到整体的社会关系中去理解，认为社会性是人的本质。个人在社会关系中的地位不同，必然会导致人的本质的不同，而人所处的社会关系的变化也会引起人的本质的改变。只有把人的本质与人的社会关系联系在一起，才能激发人们对改变自身处境的动力，从根本上改变自身的社会关系。马克思理解的现实的人是从事实践活动的人。他认为以费尔巴哈为代表的旧唯物主义者只是从直观的或者客体的角度理解人的概念，这就决定了费尔巴哈对人的理解不是从实践的、能动的角度出发的。马克思还从需要的角度理解现实的人，他认为只有从需要出发，才能为人们开展实践活动找到动力。如果没有需要，也就没有人们的实践活动。因此说，只有具有改变自身处境的需要的人，才能把这种需要付诸实践从而去改变现实世界。在现实生活中也是如此，人们因为自己交往的需要，才去发展一定的社会关系；人们为了满足自己吃穿的需要，才去从事社会实践活动。所以说，需要是实践的动力，也是我们理解现实的人必不可少的环节。只有从现实的人出发，才能正确认识人们的现实需要，只有认识到人们的现实需要，才能对社会关系、现实活动有深刻的认识。

二、从人的需要到人的本质

马克思主张从人的需要出发理解人的本质，只有对人的本质有了清晰的认识，才能进一步为人的发展扫清障碍。关于人的本质问题，许多哲学家都给出了不同的回答，但是真正对人的本质问题进行科学回答的是马克思。马克思对人的本质的回答经历了几个阶段：首先他从人与

① 中共中央马克思恩格斯列宁斯大林著作编译局．马克思恩格斯文集：第 1 卷 [M]．北京：人民出版社，2009：505．

动物的区别来认识人的本质，“动物不把自己同自己的生命活动区别开来。它就是自己的生命活动。人则使自己的生命活动本身变成自己意志的和自己意识的对象。他具有有意识的生命活动”①。马克思把人的本质规定为类本质，认为人是类存在物，因此才是有意识的存在物。进而马克思把人放到社会关系中进行考察，把人的本质定义为一切社会关系的总和。马克思把视线转向需要，在对需要进行科学考察的同时，他认为人的需要即人的本质。马克思对人的本质的认识经历了类本质、社会关系之后，从需要的角度研究人的本质，可以说需要是人的内在本质。因此对人的本质的理解必须包含三个层次的含义：社会关系、需要和类本质。只有这样，才能对人的本质有一个科学的认识和把握。

人的社会实践活动、社会关系和人的需要是一个密不可分的整体，缺少任何一个环节就不能对人的本质进行正确的把握。人的需要是人们从事社会实践活动的动力，而社会实践活动的开展才能保证人们需要的实现与满足，在需要满足的过程中，人们的社会关系随之建立起来。人的需要、人的实践活动和社会关系成为人的本质的三个内在规定性，缺一不可。在马克思看来，人的需要的发展也是人的发展，随着人类历史的发展，生产劳动必将会成为人的第一需要，这就意味着人的需要结构将发生深刻的变革。“因为，首先，劳动这种生命活动、这种生产生活本身对人来说不过是满足一种需要即维持肉体生存的需要的一种手段。而生产生活就是类生活。这是产生生命的生活。一个种的整体特性、种的类特性就在于生命活动的性质，而自由的有意识的活动恰恰就是人的类特性。”②

“根据马克思的观点，人对社会所具有的概念是从人们的原始经验

① 中共中央马克思恩格斯列宁斯大林著作编译局．马克思恩格斯文集：第 1 卷 [M]．北京：人民出版社，2009：162.

② 中共中央马克思恩格斯列宁斯大林著作编译局．马克思恩格斯文集：第 1 卷 [M]．北京：人民出版社，2009：162.

中形成的，而这种原始的经验又受到人们对社会看法的影响。人的活动改变社会现实，改变他的表现形式。在这一过程中，人获得了新的幻想；随着人更加认清他们自己，更加认清他们自己所置身的世界，人就从一种幻想形式转变到另一种幻想的形式。”[①] 马克思关于人的本质的思想构成了马克思主义理论的坚实内核，把人的需要与人的本质这两种思想结合在一起就构成了马克思需要理论。马克思的需要概念在马克思关于人的本性理论中占据中心地位，“因为它把马克思的不同领域的思想联系在一起，并且为区别人的活动与纯粹动物的或异化的活动提供了衡量尺度。它也使得分析家能将不同的社会以及同一社会不同阶段之间加以区别”[②]。马克思关于人的需要与人的本质的认识也经历了两个阶段：第一个阶段是在黑格尔和费尔巴哈的影响下，在他关于人的阐述中把需要置于中心位置，认为需要是架起人与自然界之间的桥梁，需要作为媒介沟通了作为主体的人和作为对象的自然；在第二个阶段，马克思逐渐摆脱黑格尔和费尔巴哈的影响，在《德意志意识形态》中，他初步构建了自己的唯物主义需要观。马克思认为为了满足需要，人就要使用工具，而在使用生产工具的过程中人们的新需要也会随之产生，而人的本质力量也会随之增长。马克思在需要、需要的满足与人之间创造了一种能动的关系，使得需要与人之间相辅相成，互相促进。

由人的需要与人的本质之间的能动关系可以看出，人的需要在某种意义上就是人的发展，但并不是所有的需要都能促进人的发展。只有合理的需要才能促进人的发展，所以研究人的需要就一定存在对需要价值的批判。同时对需要价值的批判还必须联系当时的社会历史条件，在不同的社会历史条件下，需要的价值也不相同。

---

① 凯特琳·勒德雷尔．人的需要 [M]．邵晓光，孙文喜，王国伟，等译．沈阳：辽宁大学出版社，1988：216.

② 凯特琳·勒德雷尔．人的需要 [M]．邵晓光，孙文喜，王国伟，等译．沈阳：辽宁大学出版社，1988：216.

1. 需要对人的发展的能动性

对于合理需要来说，人的发展就意味着人的需要的发展。合理需要之所以能够促进人的发展，首先是因为合理需要一定是顺应人的本性的需要。什么是顺应人的本性的需要呢？顾名思义就是符合人的本性的、有利于增强人的主体地位的需要，有利于增强人的本质力量，同时这种需要也一定是有利于社会进步的需要。马克思对此曾进行过解释，他用“人的”和“非人的”需要来代替合理的需要和不合理的需要。“从主观方面来说，这一点部分地表现在：产品和需要的范围的扩大，要机敏地而且总是精打细算地屈从于非人的、精致的、非自然的和幻想出来的欲望。私有制不懂得要把粗陋的需要变为人的需要。它的理想主义不过是幻想、任意的奇想、突发的怪想。”[①]马克思对资本主义社会工人阶级需要的异化现象进行了深刻的分析，他认为资本主义社会工人的需要已经不是“人的”需要而是“非人的”需要，成为资本家剥削工人的手段，“工业的宦官迎合他人的最下流的念头，充当他和他的需要之间的牵线人，激起他的病态的欲望，默默地盯着他的每一个弱点，然后要求对这种殷勤服务付酬金”[②]。

其次，合理的需要一定是人们在社会实践活动中产生“新的需要”即社会需要。社会需要是人所特有的，人作为社会和自然的双重存在物，不仅具有自然属性也具有社会属性。人作为自然的存在物，其需要来源于人的动物本性，“吃、喝、生殖等等，固然也是真正的人的机能。但是，如果加以抽象，使这些机能脱离人的其他活动领域并成为最后的和唯一的终极目的，那它们就是动物的机能”[③]。在马克思这里，如果人

---

① 中共中央马克思恩格斯列宁斯大林著作编译局. 马克思恩格斯文集：第 1 卷 [M]. 北京：人民出版社，2009：224.

② 中共中央马克思恩格斯列宁斯大林著作编译局. 马克思恩格斯文集：第 1 卷 [M]. 北京：人民出版社，2009：224-225.

③ 中共中央马克思恩格斯列宁斯大林著作编译局. 马克思恩格斯文集：第 1 卷 [M]. 北京：人民出版社，2009：160.

脱离了社会需要，就与动物没有了本质区别。人的自然需要在人的需要体系中处于基础性的地位，但是自然需要并不是人的需要的全部，人的需要主要是社会实践活动中的新的需要，人的社会需要才应该是我们研究的重点。人的本质力量的不断增强也是人的社会性需要上升到主导地位，成为人的本质的决定性因素。马克思也是在这个意义上认为人的需要即人的本质，对人的需要的认识不能脱离社会实践活动，离开实践谈论人的需要只能是“幻想的”需要，而不是“能动的”需要。

2. 需要对人的发展的制约

需要对人的发展的影响也受到社会条件的制约，不同的社会条件下需要对人的发展的影响也不相同。马克思在论述“私有财产和需要”时谈道：“我们已经看到，在社会主义的前提下，人的需要的丰富性具有什么样的意义，从而某种新的生产方式和某种新的生产对象具有什么样的意义。人的本质力量得到新的证明，人的本质得到新的充实。”[①]在社会主义条件下，人的需要对人的发展具有积极的促进作用，可以说人的发展就是人的需要的发展。但是“在私有制范围内，这一切却具有相反的意义”[②]，因为在私有制条件下，人们的需要发生了异化，成为某些人牟取私利的工具。“每一个现实的或可能的需要都是诱使苍蝇飞近涂胶竿的弱点”[③]，人们需要的异化导致工人彻底沦为没有感觉的存在物。可见马克思认为在私有制条件下，人们的需要被资本家当作发财致富的手段，因此千方百计地制造各种需要来迎合大众的需要，人们逐渐被自己

① 中共中央马克思恩格斯列宁斯大林著作编译局．马克思恩格斯文集：第 1 卷 [M]．北京：人民出版社，2009：223．

② 中共中央马克思恩格斯列宁斯大林著作编译局．马克思恩格斯文集：第 1 卷 [M]．北京：人民出版社，2009：223．

③ 中共中央马克思恩格斯列宁斯大林著作编译局．马克思恩格斯文集：第 1 卷 [M]．北京：人民出版社，2009：224．

的需要所奴役。工人“粗陋的”“简单的”需要不仅不能促进人的发展，反而成为制约人的发展的力量。而造成这一切的根源在于劳动的异化，这是私有制条件下生产资料和劳动者相分离的必然结果，只有消灭私有制才能避免人们需要的异化。

与马克思的异化概念相似，卢卡奇提出了物化的概念。物化是指人的活动、他自己的劳动成了对他来说是客观和对立的东西。“这种对立既有客观的方面，也有主观的方面。客观的方面是，出现了一个事物及其关系的世界，它们的规律的确能被人们所认识和利用，但是人们不能加以改变。主观的方面是，人自己的活动、他的劳动成了与他对立的客体，这个客体服从于支配社会的客观自然规律，但是对人说来是异己的。”[①] 卢卡奇物化的概念与马克思的异化概念极为相似，他从马克思《资本论》中关于商品拜物教的思想中得到启发，提出物化概念。物化概念贯穿《历史与阶级意识》一书，是卢卡奇思想的核心概念。卢卡奇认为，商品生产发展到资本主义社会以后，它作为一种高居于整个社会之上的统治力量，已经渗透到社会和个人生活的深层次结构之中。所以，社会和作为商品生产者的劳动者的物化是全面的，不仅表现在经济方面，而且表现在政治和意识形态方面。“正因为在这些形式中，在直接商品关系中隐藏的人们相互之间以及人们同满足自己现实需要的真正客体之间的关系逐渐消失得无法觉察和无法辨认了，所以这些关系必然成为物化意识的社会存在的真正代表。”[②] 物化也成为横亘在人与人的现实需要之间的鸿沟，因为物化的存在，人的现实需要被歪曲，被隐藏在对商品的欲望之中。卢卡奇用物化概念来分析马克思的商品拜物教思想，他认为有些思想家虽然也意识到了物化现象的存在，意识到了物化对毁坏人性的影响，但是他们只停留在分析物化的直接性方面，而不从资本主义制度本身寻找答案。物化现象存在的经济基础就是资本主义经

① 卢卡奇．历史与阶级意识 [M]．杜章智，任立，燕宏远译．北京：商务印书馆，2017：7.

② 卢卡奇．历史与阶级意识 [M]．杜章智，任立，燕宏远译．北京：商务印书馆，2017：161.

济制度，资本主义的发展造就了物化现象本身。卢卡奇物化概念在解释需要对人的发展的制约性方面与马克思的异化概念殊途同归，其理论最终的落脚点都体现在对资本主义制度本身的批判上，这也是卢卡奇物化概念与马克思的异化概念最大的相似之处。

三、从用需要理论解释世界到用需要理论改变世界

马克思对需要问题的阐述并不仅仅停留在对人性的解释上，他的根本目的在于通过对需要的分析来寻找从根本上改变无产阶级自身状况的途径，即改变现有的资本主义制度。他在《关于费尔巴哈的提纲》中明确地指出“哲学家们只是用不同的方式解释世界，问题在于改变世界”[①]。在《德意志意识形态》中马克思的这一思想得到了完整体现。在该著作的开始，马克思用需要的概念来解释生产力与生产关系的发展及相互作用，进而为人类历史的发展寻找依据，马克思的需要概念在这里的目的就是解释世界。而在该著作的后半部，马克思把需要概念作为自己批判现实世界的依据。他认为人的需要不能满足的根本原因在于资本主义制度，在于资本主义的私有制。因此要实现自身的需要就必须推翻资本主义制度，才能改变自身“非人”的状况。而推翻资本主义制度的手段只能是革命，必须通过革命的手段否认现实的世界，才能使“人的”需要得到复苏，并且使“人的”需要的实现得到制度的保障，其最终的理想诉求就是共产主义。“我们看到，富有的人和人的丰富的需要代替了国民经济学上的富有和贫困。富有的人同时就是需要有人的生命表现的完整性的人，在这样的人的身上，他自己的实现作为内在的必然性、作为需要而存在。”[②] 当人的实现成为人自身内在的必然性，人的需

① 中共中央马克思恩格斯列宁斯大林著作编译局．马克思恩格斯文集：第 1 卷 [M]．北京：人民出版社，2009：502.

② 中共中央马克思恩格斯列宁斯大林著作编译局．马克思恩格斯文集：第 1 卷 [M]．北京：人民出版社，2009：194.

要就与人的发展具有了内在的一致性。从这个意义上讲，需要才彻底地摆脱了利他主义的性质，真正实现了利己的功效。因此对私有财产的扬弃，不仅实现了人性的彻底解放，更实现了人的需要的彻底解放。“因此，对私有财产的积极的扬弃，作为对人的生命的占有，是对一切异化的积极的扬弃，从而使人从宗教、家庭、国家等等向自己的合乎人性的存在即社会的存在的复归。”①

马克思实现从用需要解释世界到用需要改变世界的跨越，其着眼点是实现人的全面自由发展，这也是马克思需要理论的最高宗旨。他深入分析了需要的产生、需要的异化、需要的层次等关于需要自身的内容，最终把研究重点放在需要的实现上。马克思把实现需要的手段归结为社会革命，以此来实现马克思需要理论在手段和实现上的统一。马克思用需要理论来批判资本主义社会对工人阶级的剥削，指出工人在资本主义社会“非人”的状况。同时，马克思把需要理论作为他历史唯物主义的基石，马克思要确立自己的历史唯物主义，就要对以前非唯物主义的观点进行清算，而需要理论就是他对非唯物主义理论清算的武器。马克思认为，基本需要的满足是人类得以生存下来的第一个前提，为了实现基本需要，人们不得不进行社会实践活动，由此结成各种社会关系。同时在满足基本需要的过程中又会产生新的需要，需要不断产生和满足的过程也是人类社会不断发展的过程，马克思据此对历史的发展做出了令人信服的解释。在分析资本主义社会工人阶级需要的状态时，马克思认为工人阶级需要“非人”的状态正是资本主义制度造成的，因此要改变工人阶级的悲惨状况必须通过社会革命来推翻资产阶级的统治，这也为马克思的社会革命理论找到了理论依据。

无论用需要理论解释世界还是用需要理论改造世界，马克思研究需要理论的最终目的还是实现人的需要的满足。马克思主义理论的最高目

① 中共中央马克思恩格斯列宁斯大林著作编译局．马克思恩格斯文集：第 1 卷 [M]．北京：人民出版社，2009：186.

标是实现全人类的解放，而实现全人类解放的前提是建立自由人联合体，也就是实现人的全面自由发展。而人的全面自由发展也意味着人的需要的实现，在共产主义社会，劳动成为人们的第一需要，这也为共产主义社会人们劳动提供了原动力，这不仅是社会发展的必然结果，同时也是共产主义社会得以实现的前提。马克思关于社会革命的理论为人的需要的实现创造了条件，反过来说，需要理论也为社会革命提供了理论依据。马克思需要理论从现实的人出发，讨论现实的人的需要问题；从人的需要过渡到了人的本质，经历了人的发展与人的需要的相互作用，最终实现了用需要理论解释世界进而改造世界。马克思需要理论具有丰富的内容、层次分明的体系，为我们研究虚拟需要论提供了理论基础。因此，在研究虚拟需要的过程中，必须以马克思需要理论为依据，对照马克思的观点和方法，以期能为丰富和发展马克思需要理论贡献微薄之力。

第三节　马克思需要理论与虚拟需要的关系

一、马克思需要理论是虚拟需要研究的理论基础

马克思为了说明无产阶级革命的必然性，在《德意志意识形态》和《1844 年经济学哲学手稿》中对资本主义社会人的需要状况进行了深刻揭露，提出了异化的理论，成为我们研究虚拟需要的理论基础。马克思这里谈到的异化分为两种：需要的异化和满足需要手段的异化。需要的异化是指人对物质生活资料和精神生活条件的依赖关系的异化，而满足需要手段的异化是指非正确的满足需要的手段，例如自我确证的需要通常要通过本质力量的对象化，而消费主义则反过来通过消费来进行自我确证，因此属于满足需要手段的异化。

“劳动的产品是固定在某个对象中的、物化的劳动，这就是劳动的对象化。劳动的现实化就是劳动的对象化。在国民经济的实际状况中，劳动的这种现实化表现为工人的非现实化，对象化表现为对象的丧失和被对象奴役。占有表现为异化、外化。”① 在这里，异化劳动的最终结果是“对对象的占有竟如此表现为异化，以致工人生产的对象越多，他能够占有的对象就越少，而且越受自己的产品即资本的统治”②。工人与自己的劳动的产品的关系就是一个异己的独享的关系，工人在劳动中所耗费的力量越多，他亲手创造出来的反对自己的、异己的对象世界的力量就越强大。因此劳动对于工人来说也不是自愿的劳动，而是被迫的强制劳动，这种劳动不是满足一种需要，而只是满足劳动以外的那些需要的一种手段。

马克思认为人的需要是人的实践活动，也是历史的产物，由人的本质派生，人的需要即人的本质。人的需要是一种应然需要，而资本主义雇佣劳动制度造成了劳动的异化，进而带来需要的异化，异化的需要成为否定人的力量，使需要失去了维持人存在和发展的功能。人的需要在这里成为他人满足自己需要的手段，使人彻底失去了全面自由发展的权利。在马克思看来，需要是人的本性，需要越发展，人的本质越完善。但是在资本主义的条件下，人们都希望别人产生新的需要，“每个人都指望使别人产生某种新的需要，以便迫使他做出新的牺牲，以便使他处于一种新的依赖地位并且诱使他追求一种享受，从而陷入一种新的经济破产”③。马克思的异化劳动理论为我们今天研究虚拟需要奠定了坚实的理论基础，虚拟需要在某种程度上也是一种异化的需要，这种异化的需

① 中共中央马克思恩格斯列宁斯大林著作编译局．马克思恩格斯选集：第 1 卷 [M]．北京：人民出版社，2012：51．

② 中共中央马克思恩格斯列宁斯大林著作编译局．马克思恩格斯选集：第 1 卷 [M]．北京：人民出版社，2012：51．

③ 中共中央马克思恩格斯列宁斯大林著作编译局．马克思恩格斯文集：第 1 卷 [M]．北京：人民出版社，2009：154．

要的出现不仅不能促进人的全面自由发展，反而限制了人的自由，使人心甘情愿地接受“虚拟需要”的奴役，成为需要的奴隶。

二、马克思关于需要的层次理论是我们研究虚拟需要的理论依据

马克思在批判宗教时，曾谈到人对“幻觉”的需要。对“幻觉”的需要是因对“现实幸福”的追求不能得到满足，进而以宗教的形式产生对“虚幻幸福”的追求。所以，反过来，马克思把人们对幻觉的需要作为改变人们自身处境的幻觉，实现现实幸福所要抛弃的对象。

马克思在分析彻底的德国革命的困难时，也曾在国家的需要的层面上谈到“彻底需要”。因为德国理论发展与实践发展之间具有不平衡性，实践滞后于理论，所以其理论上的超越和需要并不能直接转化为实践需要。因此，对于国家的需要，即理论需要和实践需要而言，具有决定性意义的、彻底的需要只能是实践需要，只有在实践需要发生彻底革命的条件下，国家的彻底的革命才会发生。正是在此意义上马克思指出：“彻底的革命只能是彻底需要的革命，而这些彻底需要所应有的前提和基础，看来恰好都不具备。”[①] 马克思和恩格斯在《德意志意识形态》中分析意识形态的世俗基础时，对人的需要进行了历史考察，提出了独特的关于人的需要的层次理论。在这个需要层次中，居于决定性的、基础地位的是，“从历史的最初时期起，从第一批人出现以来”就同时存在而且现在还在历史上起着作用的三个因素或者三个方面，即三种需要。第一种需要是“生产物质生活本身”的需要，它是一切历史的基本条件。第二种需要是由第一种需要所引起的“新的需要”，即“已经得到满足的第一个需要本身、满足需要的活动和已经获得的满足的为满足需

① 中共中央马克思恩格斯列宁斯大林著作编译局．马克思恩格斯选集：第 1 卷 [M]．北京：人民出版社，2012：11.

要而用的工具又引起新的需要”[①]。第三种需要是生产人及其社会关系的需要，包括人的繁殖和家庭等生产关系的生产。

在上述三种需要之上存在的更高层次的需要就是对意识的需要。按照意识是否“纯粹”，意识又表现为两种类型。第一种类型的意识可称作“非纯粹”的意识，其不纯粹性表现在两个方面。一是受到物质的“纠缠”与表现为语言的物质“纠缠”在一起，这种意识“是一种实践的、既为别人存在因而也为我自身而存在的、现实的意识”[②]。语言和意识的产生，在本质上只是由于需要，即为了和他人交往的迫切需要而产生的。二是这种意识仅仅只以“直接的可感知的环境”作为其对象，“是对处于开始意识到自身的个人之外的其他人和其他物的狭隘联系的一种意识”[③]。马克思认为，在意识的这种初始阶段，人对待自然界的意识关系与动物对待自然界的意识关系区别极小（区别仅在于人意识到了自己的本能），人和动物一样慑服于自然界，所以这种意识又可称为“纯粹动物式的意识”“畜群意识”“绵羊意识”“部落意识”。第二种类型的意识即“纯粹的意识”，是人类社会出现分工之后，在第一种类型的意识基础之上发展起来的。这种意识的出现使得意识具有了“现实地想象”的功能：“它是和现存实践的意识不同的某种东西；它不用想象某种现实的东西就能现实地想象某种东西。”[④]也就是说，从这种类型的意识产生开始，意识就能够摆脱现实对象的束缚，“自由自在”地创造各种纯粹的理论、神学、哲学、道德等了。

在此意义上，我们可以认为，人的前三种需要都是生活（生存）需

① 中共中央马克思恩格斯列宁斯大林著作编译局．马克思恩格斯选集：第 1 卷 [M]．北京：人民出版社，2012：159.

② 中共中央马克思恩格斯列宁斯大林著作编译局．马克思恩格斯选集：第 1 卷 [M]．北京：人民出版社，2012：161.

③ 中共中央马克思恩格斯列宁斯大林著作编译局．马克思恩格斯选集：第 1 卷 [M]．北京：人民出版社，2012：161.

④ 中共中央马克思恩格斯列宁斯大林著作编译局．马克思恩格斯选集：第 1 卷 [M]．北京：人民出版社，2012：162.

要，因为它们是“为了生活”“能够生活”而不得不满足的需要，而第四种需要即意识需要则分为两个层次，第一个层次的意识需要是交往需要，第二个层次的意识需要是表达需要。马克思并没有对需要的层次进行细致的划分，也没有刻意地说明这些需要的层次性，但是从马克思关于需要的论述中还是可以看出他对需要也做了许多分类，并且具有鲜明的层次性。所谓需要的层次是有两个方面的含义，第一是指需要出现的先后顺序，第二是指与人的发展程度相关的需要的级别。在马克思的经典著作里，使用过的“需要”一词有很多种，如简单的需要、动物性的需要、粗陋的需要、自然需要、生存的需要、物质需要、奢侈需要、人的需要及社会需要等。马克思所论述的需要有很多种，但是被后人广泛采用的需要是自然需要、社会需要和精神需要。

马克思关于需要的层次划分为我们今天研究虚拟需要提供了重要的理论依据。自然需要作为人的第一需要，是必须优先得到满足的。生存需要得到满足是其他需要得到满足的基础。而享受需要是在基本的生存需要得到满足的基础上产生的，是人提高自己生活质量的需要。社会需要会随着社会的发展而发展，人的本质力量发展得越充分，就越追求享受需要，相反，人的享受需要越得到满足，人就越自由。而精神需要则是最高层次的需要，是人提高自己本质力量而产生的需要，包括受教育的需要和对知识的需要。在物质财富极大丰富的今天，自然需要的满足已经退居次要地位，社会的需要和精神的需要成为人们的必需。我们研究虚拟需要就是为了寻找如何最合理地满足人们的各种享受和发展需要，引导人们摆脱个体需要的异化，理性把握个体的真正需要。

三、马克思关于需要与人的发展的关系问题的研究是我们研究虚拟需要的价值导向

马克思关于需要问题的研究一直是在如何促进人的全面自由发展的

视野下进行的，从人的本质和人的发展的角度来研究需要是马克思主义理论的特色。马克思认为，人的需要即人的本质，人的需要的发展也属于人的全面发展的范畴，人的发展过程也就是人的需要的不断涌现并且通过生产实践来不断满足的过程。人不仅具有自然需要，还具有各种社会需要。要满足各种需要，就必须要从事各种社会实践活动，从而满足自身的各种需要。而这些社会实践活动又会产生新的需要。可见，人的需要是人的社会实践活动的内在动力，同时又通过实践活动来满足自己的物质需要。

事实上，人的社会实践活动、社会关系和人的需要是相互联系、相辅相成、不可分割的有机统一体。需要是一切生产实践活动开展的最初动因，也正是社会生产实践活动，才能实现和满足人的需要，并提升人的本质力量，在这一过程中，人的各种社会关系也得到相应的发展。因此，要研究人的需要，必须结合生产实践活动和社会关系来理解，或者说人的需要统一于社会生产实践活动和社会关系；研究人的各种需要，必须首先把握当时的社会生产实践状况、分析个人所处的各种社会关系，只有这样，才能准确把握需要的实质。马克思哲学坚持对“抽象的人”进行批判，同时把“现实的人”作为价值旨归，这是马克思批判逻辑的起点，同时也体现了他的实践基础上的历史生成观。立足于实践基础去理解“现实的人”，同时理解现实的需要，才能获得关于人的本质的正确认识。社会关系源于人的对象化的活动，是人的主观能动性的产物，这时的人已经摆脱了原始的自然的状态，社会关系的发展促进了人的本质的丰富。人的发展即人的需要的发展，但这并不意味着人的所有需要都能促进人的发展，这就涉及需要的合理性问题，即需要本身的评价问题。能促进人的发展的需要都是合理的需要，只有合理的需要才能对人的发展起到积极的作用。人的不合理的需要不仅不能促进人的发展，反而会导致人的发展趋向片面和畸形。

那么什么需要才是合理的需要？结合马克思的经典著作可以看出人

的合理需要至少具备以下三个层面的含义。首先，符合人的本性的需要才能称为合理的需要，即有利于增强人的本质力量和巩固人在世界中的主体地位，同时对社会的发展具有进步作用的需要才能成为合理的需要。在资本主义制度下，工人从事着与自己本性相矛盾的工作，这样的需要就是一种不合理的需要，只会导致工人的片面、畸形发展，对他的全面自由发展毫无益处。其次，合理的需要还必须是在通过生产实践活动满足自己需要的过程中产生的新的需要或者社会需要。人既具有自然属性，同时也具有社会属性。人的自然属性源自人的动物本能，而社会属性则是人与动物的本质区别。马克思认为人以需要的无限性和广泛性区别于其他一切动物，人的社会属性随着社会历史的发展逐渐上升到主体地位，正因如此，我们才说人的需要即人的本质。离开实践活动谈需要只能是想象的需要，而不是真正的、合理的需要。最后，合理的需要只能是合乎规律的需要。合理的需要必须符合社会、自然界和人的发展规律，只能是建立在科学认识的基础之上，否则都不能是合理的需要。马克思关于人的需要与人的发展关系的论断为我们研究虚拟需要提供了价值导向。按照合理需要的标准，我们也可以对虚拟需要进行价值判断，积极促使合理的虚拟需要的满足，规避不合理的虚拟需要的滋长。

第四章

信息社会中的虚拟需要

虚拟需要的产生不仅具有深刻的理论渊源，还与我们当前所处的信息社会密切相关。信息社会所带来的生产方式和生活方式的变化为虚拟需要的产生提供了必需的条件，成为虚拟需要产生的现实基础。本章从信息的概念入手，分析信息社会的来临所带来的社会生产方式和人的生活方式的变化，由此引出人的信息化存在的现状，从而研究虚拟需要产生的现实基础。

第一节　什么是信息

在当前，“信息”已经成为一个重要的哲学概念。信息作为一个强大的解释项，被越来越多的人寄予厚望；信息哲学作为一门独立的哲学分支逐渐获得了哲学界的认可；甚至关于哲学将迎来信息转向的呼声也不绝于耳。无怪乎美国哲学家亚当斯会评价说：“将信息概念引入哲学研究是 20 世纪最重要的哲学成就。”[①] 但是，这样一个重要的哲学概念，在被称作信息时代的今天，却仍然言人人殊，未知所定。似乎关于信息的讨论越多，信息就越难以把握。因此，从哲学层面澄清信息概念，阐明信息本质，既具有重大的理论意义，又符合时代精神的现实要求。

① Adams F. The informational turn in philosophy[J]. Minds and Machines，2003，（4）:471-501.

一、信息的形式维度

首先存在的是信息，“信息”一词随后才出现，但是，对信息本身的追问，却要从追问“信息”起步。而一旦我们对“信息”这个语词展开分析，信息与形式的关联就会首先显现出来。这种关联并不是随意的，因为西方人在创造“信息”一词时，也并不是随意的，而是在构词时将他们对该词最初的理解表达出来。

1.“信息”的词源学分析

“信息”（其英文中的对应词汇为 information），源自拉丁语词 informare，后者是“信息”一词的动词形式，大致相当于英语中的 to inform。从直观上看，inform 这个词由两部分构成，即 in 加上 form。form 是传统哲学中常见的一个术语，即“形式”，把它与表示“内部”“里面”的 in 放在一起作为动词使用，明显带有“将形式置入……当中”即“赋形”的意思。比如，根据西塞罗的用法，拉丁语词 informare 意指：为了改进或者指导某事物，而把一个形式（form）施加给某一事物，特别是施加给心灵。[①]在“信息”一词的进化过程中曾有多重含义与之联系在一起，而其中最受哲学家们关注的一种含义则是知识。把信息与知识关联起来直接源自把形式给予心灵这一观念：训练、指导或者教授的过程也就是把形式给予心灵并因此提供知识的过程。比如，在柏拉图那里，知识就是超出个别事物并把握普遍的观念和形式。在“信息”一词进入科学领域之前的数百年时间内，信息都意指知识。虽然这种情况随后有所改变，但信息和知识之间的密切关联却一直持续下来。知识和信息往往被用来相互说明。比如，鉴于信息会产生知识并

① Borgmann A. Holding on to Reality: The Nature of Information at the Turn of the Millennium[M]. London: The University of Chicago Press, Ltd., 1999: 9.

且会改变信息接收者的知识状态，丹尼尔·贝尔就曾对信息做出过这样的说明：信息可被理解为接收者在通信前后知识的状态之间的差异[①]。“信息”的词源学分析表明，信息与形式密不可分，“赋形”乃是信息最直观、最早被把握到的一个特性。

2. 信息的句法概念

信息与形式之间的这种关系促成了信息研究的一个特殊维度，即从数学和逻辑学着手研究信息，由此产生了所谓的信息的形式理论。信息论的创始人申农的通信理论、费舍尔的统计学的信息理论和柯尔莫戈洛夫等人的算法信息理论都是信息形式理论的典型代表。在这些理论中，申农的通信理论对信息的哲学研究影响最大。直到现在，哲学中信息的语义研究仍然主要关联或者依托于通信理论。通信理论又可称作通信的数学理论，它旨在从纯数量的方面对信息进行把握。通过对信息的“量化”，即信息量，符号就能够流过通信信道（如电话、电脑、电报等），但是，通信理论所使用的“信息”与意义或者知识完全无关。因为“量化”即是“形式化”，是抛开符号所代表的意义和内容所进行的纯粹的形式转换，即句法的转换。在这个意义上，形式理论也就是句法理论。信息论的创始人申农给出的著名的信息定义——“信息就是可能性的降低和不确定性的减少”即是从形式和句法的角度对信息进行的界定。

申农的信息概念虽然也是句法概念，但它强调必须借助信源、信号、接收者等对信息进行说明。而最近十几年来，在某些作者的著作中，从句法角度定义信息的做法被贯彻到了极致，信息概念完全被看成是一个句法概念。比如，卡夫和托马斯所著的《信息理论要素》就是此

---

① Bell D A.Information Theory and its Engineering Applications[M]. London：Pitman and Sons，1957：7.

种观点的代表。[①]他们仅仅从随机变量和概率分布来定义信息理论的各个基本概念。根据这种观点，即便两个变元之间没有合法则的关系，也可以界定这两个变元之间的相互信息。例如，两副随机排列的扑克牌，如果它们的每一张牌排放的次序都恰好是相同的，那么它们之间就有一个相互作用的信息。

信息的句法观点不涉及信息的意向特性，因此信息和知识之间的联系也被取消了。但是，信息句法观点也有它自身的优势，其最大优势在于通过把信息转变为一个句法概念，使信息概念获得了一种一般性，这种一般性使信息理论成为科学的、强有力的形式工具。由此，信息理论得以被应用于众多领域。借助物理信号的通信只是信息句法理论的具体应用之一。除此之外，它还可以被应用于统计物理学、计算机科学、统计学等。根据信息的句法观点，“信息”一词既不是事实科学的用语，也不是日常用语：它是一个科学的但却是完全形式化的概念，它是纯形式，没有语义内容。这样信息理论就完全变成了数学理论，即概率理论的一部分。只有该理论的概念在语义上获得解释时，它才能够被用于具体领域。

二、信息的语义维度

语言、符号和表征既能够被看作是承载信息的信号，又能被看作是具有内容和意义的东西。正是由于这种表面上的对应关系，在日常生活中和其他很多地方，信息、内容和意义都常常被人为地混淆在一起。这种混淆对信息和意义的概念澄清都产生了非常不利的影响。在当前，把信息作为核心和基础概念的信息哲学，以及试图利用信息来说明内容和意义的信息语义学，一般都反对将信息等同为意义。而且很多人认为，澄清信息概念首先要做的就是解除信息和意义之间的人为绑定。

① Cover T M，Thomas J A．Elements of Information Theory[M]．New York：John Wiley & Sons，1991.

1. 信息不是意义

信息与意义既有相关性又有差异性，它们之间的相关性是偶然的、相对的，但差异性是必然的、绝对的。这一点在德雷斯基、福多和米丽肯等人倡导的信息语义学中体现得最为明显。作为心灵自然化的一种主要方案，信息语义学的一个基本前提就是承认信息相对于意义的绝对独立性和客观性，因此事实上几乎所有的信息语义学家在构建自己的信息语义理论时都会从事将信息和意义相区别的工作。

信息和意义是偶然相关的。有信息不一定有意义，有意义也不一定有信息。信息和意义之间的差异主要表现在以下几个方面。第一，一个信号携带的信息可以超出该信号的约定意义。因为一个信号所携带的信息部分地依赖于信号接收者事先掌握的东西。第二，在任何约定意义上都无意义的一个事件可以携带丰富的信息。比如有经验的扑克牌玩家能够从对手的一些细微举动（紧张不安、下注过高等）中获得一些信息。在这种情况下，信息被传输了，但携带信息的媒介（对手的那些举动）在约定意义上是没有意义的。第三，有意义的符号和标记可以传达与其约定意义不一致的信息。如“狼来了”这句话意指狼来了，但是如果狼实际上没有来，那么这句话就不携带“狼来了”这一信息。第四，信息与真理、知识是同等程度的概念，也就是说信息是不可错的、必为真的，而意义则可以为假。在人的信念中，出现为假的意义尤为常见。只要一个人的信念不是由信息引起的，这个信念即为假。所以包含在一个信号中的信息与该信号的意义只具有偶然的相关性。信息不同于意义。意义是制成品，而信息是原材料。信息不依赖于人的解释活动。意义则涉及了在相关的语境中对信息的解释：这样一个解释过程需要一个能够把信息和某种语境联系起来的信息处理者。比如，储存在一本书中的信息在这本书被阅读并理解之前都是无意义的。

2. 信息的语义概念

根据信息语义学对信息的描述，一个信号携带什么信息，就是该信号有能力告诉我们什么。德雷斯基从语义角度对信息作出界定："信息就是有能力产生知识的用品。"[①] 德雷斯基认为信息的这一含义是"信息"一词的核心含义。根据这种含义，说某一信息是可靠的，完全是画蛇添足。比如，如果我告诉你我牙疼，但实际上我的牙不疼，那么我就没有给予你信息，至少是没有给予你我声称要给出的那种信息。虽然无论我的牙是否疼，我所说的话"我牙疼"都意指我牙疼（即有意义），但只有我说的话为真时，我的这句话才携带"我牙疼"这一信息。德雷斯基对信息的界定意味着，意义并非唯一一个在语义上相关的概念。信息就是意义之外另一个具有语义相关性的概念，因此信息能够产生知识。

那么，信息的语义概念是如何产生的？它有何根据呢？事实上，它根据的正是一向被认为与内容和语义完全无关的信息的句法概念。德雷斯基创立的信息语义学就是从分析作为形式理论的通信理论起步的。通常认为，通信理论不涉及消息的意义和真值，因此语义处在通信理论所能够把握的范围之外。有鉴于此，德雷斯基并没有照搬申农的通信理论，而是对之做了两点修改，以便它能够解决知识理论中的问题。第一，他对通信理论中的一些基本公式作出了修改。因为通信理论关注的是平均信息量，而内容和意义不能平均，只能和个别消息联系在一起。所以德雷斯基把关于平均信息量的计算改变为关于个别信息量的计算。第二，他为通信理论这一形式理论添加了语义维度。通信理论是"句法的"而非"语义"的。经过德雷斯基改造的通信理论中的信息是具有语义的。"一个处于适当位置的观察者，通过参考 X，能够获悉关于 X 的

① Dretske F. Knowledge and the Flow of Information[M]. Oxford：Basil Blackwell Publisher，1981：48.

某种东西，正是在此含义上，一个事态包含关于X的信息。”[①]德雷斯基对信息内容作出了如下界定。

信息内容：一个信号r携带s是F这一信息 = 如果r（而且k）一定，s是F的条件概率为1（但是，如果只有k一定，其条件概率则小于1）。

这里的K代表信息接受者对信源中所存在的那些概率的了解和把握。例如，如果一个人已经知道s要么是F要么是G，那么，现在排除掉s是G这一可能性的一个信号，就会携带s是F这一信息（因为它将这种概率增加至1）。但是对于不知道s要么是F要么是G的人而言，同样地，这个信号可能不携带s是F这一信息。德雷斯基信息内容的定义中提到了接收者对信源中存在的可能性业已知道的情况（k）。也就是说，对信息源的定义并不是绝对的，它依赖于信息传输前接收者关于信息源的知识。这表明了信息内容具有相对性，但是信息的这个相对性与其客观性并不矛盾。德雷斯基则认为，如果接收者那里的信息能够被准确地确定，那么被接收到的信息就是可以量化的，因此背景知识不应该被看作主观因素，而应该被看作信息得以被确定的一种参照。信息的这种相对性，实际上是客观量度的相对性，这在科学中是常有的。因此在这个意义上，信息与速度、温度、重量、共时性并无不同。

三、信息的实在维度

信息的形式概念和语义概念分别从信息和形式、信息和语义这两个维度对信息进行了描述。但是这两种描述之间似乎是有矛盾的。在日常实践和具体的技术应用中，这个矛盾表现得尤为明显。比如，电话、电视、电脑等对信息的处理都是形式的或者“句法的”，这些进行信息处理的机器所处理的各种符号、编码对它们自身而言是没有意义的。电脑

---

① Dretske F. Knowledge and the Flow of Information[M]. Oxford: Basil Blackwell Publisher, 1981: 45.

能够被输入并储存“雪是白的”这句话，但是，这句话对电脑来说意味着什么呢？什么都不意味，或者只不过是一组特殊的二进制编码。除了进行信息处理的机器之外，人同样也可以接收信息，但似乎人接收到的信息与机器有所不同。如果一个人被告知“雪是白的”，那么这个人就会把他由此产生的“雪是白的”这个信念和这个信念的真值条件即内容联系起来。这显然是电脑不具备的。通俗地说，我们能够把握句子的意义，而电脑不能。那么，为什么人和电脑接受同样的信息，结果却不同呢？这是研究信息概念、探索信息本质必须要回答的一个问题。

1. 信息的实在性

解决上述这个问题的一种方法是对信息作出心理主义的规定，即把信息看作是心理的产物，仅仅具有认识论意义，人的心灵既是信息的释义者，同时又是信息的赋义者。[①] 因此，人以外的其他东西就其自身而言不可能真正地处理信息，之所以平时说它们处理信息，如计算机处理信息的能力等，是因为它们的信息处理能力是从人的信息处理能力中派生的。这种观点强调了信息对物质的特殊性，但是却把信息的这种特殊性归结成了它与物质在本质上的对立，因此其结果只能是或者在本体论上否定信息的存在地位，或者以隐晦的方式承认物质与信息的二元论。另一种方法是对信息作出物理主义的规定，这是当前自然主义者在构建信息语义学时常常采用的一种观点。这种观点认为，信息在物理世界中具有存在地位，但它又不同于一般的物质，这主要表现在信息所具有的一系列特性上。但是从总体上看，信息在最基本的层面仍然是物质的。在这种观点看来，关于信息的心理主义观点实际上是一种片面的观点，它的视野只局限于一部分信息，即人头脑中的信息，而且这部分信息的

① 肖峰. 重勘信息的哲学含义 [J]. 中国社会科学，2010，(4)：32-43，220-221.

存在方式在所有信息的存在方式中是最为特殊的。正是对这部分信息存在方式在认识上的差异导致了关于信息的心理主义和物理主义。

要在上述两种观点之间作出恰当的取舍，最重要的是要找到研究信息的一种恰当的方法。汤姆·斯托纳对信息进行研究的一个方法值得借鉴，他认为我们对世界的知觉是我们的历史经验的产物，因此我们可以参照历史上对其他重要概念的把握来理解信息。[①] 从历史上看，我们对信息的认识经历了与对时间、能量相似的历程。比如，钟表的发明为我们提供了一种能够以数量方式准确量度时间的装置。一直到我们有了对钟表这种时间机器的经验，我们的时间概念才得到了发展，在此之前大多数文明都认为时间是循环的而非线性的。与此类似，直到人们有了对能量装置的经验，能量才开始从物质概念中被抽象出来。我们今天对信息的认识也处在一个类似的历史阶段。计算机的发明使我们有了对信息机（information machines）的新经验。计算机是有能力处理信息的电子装置，而这种对信息的处理以往被认为（甚至直到现在还有人固执地认为）是专属于人的头脑内部的。信息机的发明和利用使我们看到，信息是可以离开人的心灵而被创造、传输、储存和加工的。除此之外，20 世纪的两大工程，即知识工程和基因工程也为我们提供了关于信息的新经验。知识工程师、软件工程师直接以物理形式处理信息的传输，同样证明了信息绝不只是在我们的头脑之内进行操作的某种东西。基因工程表明，DNA 携带着决定一个个体细胞如何发展的信息，而作为物质实体的 DNA 在人脑进化出来之前就已经存在了。这表明生物系统信息比人的心灵出现得更早。

根据上面的分析，我们至少可以看出存在两类信息，即头脑中的信息和头脑之外的信息，或者说属人信息和非属人信息。非属人信息是离开人也能够单独存在的信息，如自然界的各种信息；而属人信息则是在

① Stonier T. Information and the Internal Structure of the Universe[M]. London: Springer-Verlag London Limited，1990：5-8.

人的头脑中被加工、组织的信息，以及存在于人类的信息存储系统，如书本、计算机程序和光盘等当中的信息。如果我们抛开其他因素，仅从信息处理的角度来看，把人也视为一种特殊的信息处理机器（之所以说人特殊只不过是因为人能够通过对信息的处理获得意义），那么实际上存在的只有一种信息，即物理信息。

2. 信息的物理概念

信息的物理概念侧重于从物理学角度对信息进行界定，最终把信息规定成某种物理实在。从这个角度对信息进行界定的代表人物是美国哲学家汤姆·斯托纳。斯托纳的观点代表着最极端的信息物理主义。他研究信息的目的和德雷斯基一样在于说明认知和意义。不同之处在于，他并不是从通信的数学理论出发的，而是以物理学为出发点，主要依据信息和能量的关系来界定信息。除了依据物理学之外，他还从进化的立场来说明智能和意义如何从信息中产生出来。在他看来，研究意义现象必须首先要研究智能现象。信息处理系统可以显示出智能的属性，这种属性是由信息处理系统的复杂性所决定的。一般而言，更高级的智能，就对应着进行更完整的系统和更强的复杂性。通过观察系统的属性可以确定智能。也就是说，只能通过“智能行为”来确定智能。因此，从现象上看，智能表现为一个现象谱系。这个现象谱系按照由低到高的顺序涵盖了从原始智能到集体智能的一系列智能现象。

斯托纳通过信息与能量的对比，对信息作出了这样的规定：“信息就像能量一样，是宇宙的一种基本属性，而且信息的诸属性和能量的诸属性皆可类比。”[①] 信息在宇宙中存在的最直接证据就是秩序（order）：秩序是对信息的表征。就像能量能够对事物有所作用，比如它能使物体加

① Stonier T. Information and the Internal Structure of the Universe[M]. London: Springer-Verlag London Limited, 1990: 5-8.

热一样；信息同样对事物有所作用，其表现是信息能够将事物组织起来。秩序正是通过组织实现的，如果一些事件被组织起来，即呈现出某种组织性、有序性，那么我们就可以肯定这些事件中携带有某种信息。质言之，信息有能力组成一个有秩序的、发挥作用的并且有结构的整体。

根据信息的物理概念，信息在本质上是物理的，可以和物理世界中的其他东西如物质和能量进行相互转化和交流。整个世界都可以被看作是一个信息处理系统，信息无处不在，无时不有。信息的产生、传输和接收都需要一定的物质载体和媒介，脱离物质世界的抽象的信息是不存在的。质言之，信息具有客观性，它能够为人脑所加工，但不只是头脑中的东西。信息是一个客观的用品，其产生、传输、接收都不需要任何解释过程。

四、信息是什么

信息与形式、意义和实在三者之间都有关系，那么这三种关系之间又存在何种关系？其中是否存在一个更为基本的关系能将三者统一起来？又或者是否这三种关系处于同等重要的地位？换言之，是否存在一个同时具备这三种关系的信息概念？关于信息的这三种概念规定的是同样的一个信息，还是三种不同的东西？回答这些问题有赖于对信息的这三种概念进行分析、比较和澄清。

1. 信息概念的矛盾

从表面上看，信息的形式概念、物理概念和语义概念之间存在着一定的矛盾，尤其是物理概念和语义概念之间的矛盾在一些科学哲学家对科学观察问题进行研究时表现得非常明显。因为，近几十年来，随着信息概念在哲学研究中的大量运用，一些科学哲学家力图借助信息概念来阐明“可观察的”这一术语的科学用法。美国科学哲学家卡索就是这一做法的倡导者。卡索借鉴德雷斯基的信息语义学来阐明科学观察。但他对信息本质的理解不同于德雷斯基，这一点集中表现在他们对通信信道的界定上。德雷斯基认为，通常提到的通信信道都是物质具身化的。比如，通常承载信息的信号都是某些物理过程和物理对象，但是在理论上，通信信道可以被看作是信源和接收者之间的一组相关关系：信源和接收者之间的物理联系对信息的传播来说不是必要的。德雷斯基将这种信道称作“幽灵信道”。比如，播放相同电视节目的两台电视机就会构成一个幽灵信道。这两台电视机之间并不存在物理联系，但是出现在它们各自屏幕上的东西（电视节目）却是明显具有相关性的。也就是说，此时这两台电视机之间存在着信息关系。

卡索认为，信息是经由相互作用而在诸状态之间得到传输的。因此，他不认为观看一台电视机的节目就能够获得关于另一台电视机的信息。也就是说，在他看来，没有物理联系的两点之间是不可能存在信息流的。卡索对信息的这一理解与物理学中流行的对信息的看法是一致的。物理学家和工程师们普遍接受的一条关于信息的原则就是：无表征则无信息。这要求物理空间中的两点之间的信息传输必须有一个承载信息的信号，即从一点传播到另一点的一个物理过程。从这种观点来看，信息就是一个物理实体，它能够被产生、收集、储存和传输。由于信息的这种物理性质，信息流的动力学是受规律支配的。

根据信息的语义概念，信息就是有能力提供知识的东西。A 和 B 之间信息联系能够成立的唯一条件就是通过观察 B 而知道 A 的状态。根据信息的物理概念，信息就是一个物理实体，其本质特性是它能够在物理空间中的一点被产生并传输到另一点的这种能力。因此，只有控制 A 处的那些状态，才能够将信息发送到 B 处。如果 A 和 B 之间没有物理联系的话，就不可能定义 A 和 B 之间的信息信道，因此也就不可能控制 A 处的这些状态以将信息发送到 B 处。

当把信息概念用于解决哲学问题时，信息的语义观点和物理观点之间的这种分歧具有极大的实用性。我们可以通过将这两种观点分别用于否定实验（negative experiments）来看一下它们各自产生的结果。在这个实验中，如果一个事件不出现的话，另一个事件就可以得到观察。这一实验假定，在一个试管的中间位置有一个粒子在 t_0 这个时间点朝这个试管的一端被发射出去。在这个试管的右侧放有一个监测装置。如果粒子被发射到右侧，那么到了适当的时间这个装置就会有显示。现在到了适当的时间，这个监测装置没有显示，因此我们断定这个粒子被发射到了试管的左侧。那么，问题随之产生：我们观察到这个粒子被发射的方向了吗？这个问题的答案取决于我们采用哪一种信息观点，换言之，其答案取决于我们采纳信息的语义概念还是物理概念。

根据信息的语义观点，介于该试管两端之间的一个信道可以被界定，那么，就存在着一个从左向右的信息流，这使我们能够观察到粒子在左侧出现，即便实际上没有信号从左侧传播到右侧。但是，根据信息的物理观点，不存在一个从右向左的信息流，因此我们也就没有观察到这个粒子在左侧出现。换言之，根据信息的语义观点，我们能够同时观察到两个事件，即该粒子出现在左侧和该粒子不出现在右侧。但是根据信息的物理观点，我们只能推断这个粒子出现在左侧（而不能观察到它出现在左侧）。

2. 信息概念的澄清

信息的句法观点、语义观点和物理观点分别从不同的视角对信息进行了研究，虽然它们各自都声称把握了信息的本质并由此给出了自己关于信息的核心概念。但事实上并非如此。每一种观点都有其自身的优势和缺陷。语义概念建立了信息和知识的联系，有利于说明我们从世界中获得的信息为什么会使我们获得关于世界的知识，因此这个概念最适于认知和语义研究。但是，如果仅仅从语义的角度把握信息就容易使信息沦为像以太、燃素那样的理论设定，从而无法在本体论的高度说明信息的存在地位。因此，我们还需要从物理的角度认识信息。物理概念把信息界定为一种物理实体，这与信息的各种实际用途是相一致的，因此它常常被用于通信领域。物理概念的优势在于它和自然主义，尤其是物理主义的本体论承诺是一致的，因此可以被看作是自然化的理想工具。但是信息的物理概念同样有自身的缺陷，那就是它无法解释一些不依赖物理联系的通信，如幽灵信道。信息的句法概念只是一个无指称的形式观念，在此意义上，信息理论就是数学理论。句法概念的最大优势在于理论上的一般性，当然这是以丧失信息的实际用途为代价的。句法概念与其他两个概念之间的关系就像是数学对象与数学对象的解释之间的关系。当我们面对这三个概念时，我们实际上面对的是同一个信息概念的三个方面，即信息的三种属性。因此，我们可以说信息是句法的、语义的和物理的。从抽象的角度把握信息而不及其余，我们就能得到关于信息的形式上的描述。将形式赋予心灵即可使心灵获得知识，因此我们就能得到关于信息的语义上的描述。但是形式和语义都必定有物质的载体，在这个意义上，信息就是物质自身的结构痕迹。一物质具有关于另一物质的信息，在本质上是因为后者在前者当中留下了结构痕迹。

第二节　信息透明与需要虚拟

如果我们拥有一个足够宏观的视野，如果我们从信息的演化方式和历程分析需要的演进方式和历程，就会发现与信息的逐步透明化相应的是需要的逐渐虚拟化。生物学家从进化论的视角为信息特性的变革与需要特性的变革之间的关系给出了一个科学的解释，这一解释有助于我们分析信息特性在网络信息社会出现的变革对人的需要特性的变革的影响。生物学家认为，地球上生命的进化并不是按照匀速的、直线的方式进行的，距今大约5亿年前，地球生命进化突然呈现出一个爆炸式的加速进程，生物学上称为“寒武纪大爆发”。之所以会出现这样一个突飞猛进的进化过程，一个重要的原因就在于：大约5.43亿年前，由于一个偶然的原因，浅海和大气中的化学物质发生了变化，使得浅海和大气的透明度大大增加。[①] 这一时期的自然环境变化导致信息的特性出现自然而然的变革，因为大气和海水的透明度的改变，整个地球一下子变得透明起来。在这样的环境下，一切生物为了适应生存开始不断调整自己的需求。如果说在信息变得透明以前，动物只需要感知自己身体范围以内很少范围的区域的话，那么在信息透明度增加以后，动物就产生了对更远距离的感觉、对更快的反应速度、对更强大的防御能力等一系列的生存需求。

这样一个发生在远古时代的关于信息进化与需求进化的关系演进的案例，实际上是当今网络信息社会中信息进化与人的需要进化之间关系的原始版本。我们完全有理由以相同的视角和方式来理解今天信息传播方式对人的需要的种种影响。实际上，这个案例也表明，信息传播特性和方式的变革，对包括人类社会在内的整个生物进化历程都产生了重要影响。只不过，在人类文明发展中，这类影响数量稀少而且周期极长，很容易被人类社会中大量其他事件的影响所淹没。但是，迄今为止，每一次信息传播方式的改变都在人类社会的发展进程中留下不可磨灭的重大影响。文字的出现、印刷术的出现、网络信息技术的出现对人类社会的影响，特别是对人的需要的影响，必须在一个更为宏大的视角之下才有可能认识清楚。如果文字把人类带入文明时代，印刷术和指南针、火药一起预兆了资产阶级社会的到来，那么，网络信息技术的出现将对社

① 丹尼尔·C. 丹尼特，德布·罗伊. 信息透明让社会进化[J]. 阳曦译. 环球科学，2015,（4）：80-85.

会发展和人的需要产生怎样的影响？我们将通过对信息社会的分析，来了解在信息特性再次出现历史性变革的前提下，人的虚拟需要如何在此基础上产生出来。

一、信息社会中的信息透明

1. 关于信息社会的理论范式之争

1962 年日本学者梅桌忠夫在《朝日放送》杂志上发表《论信息产业》论文，其中首先提出“信息社会”的概念；法国的让-雅克·塞尔旺-施莱贝尔在 1980 年出版的《世界面临挑战》中也较早地明确提出了“信息社会”的概念。应该说，“信息社会”的提法和相应的理论是在 20 世纪七八十年代美国的一批社会学家和未来学家采用和推广后才产生了重大影响。其中最著名的是贝尔的“后工业社会理论”、阿尔文·托夫勒的“第三次浪潮”和约翰·奈斯比特的“信息社会”。不同的学者采用了不同的术语（如还有“信息时代”、“超工业社会”、“知识社会”、“网络社会”甚至“比特社会”等），所表达的都是“信息社会”正在到来的意思。人们普遍认为，信息社会是人类社会发展的一个新的历史阶段，而一个社会成为信息社会的基本标志包括：支撑信息社会的是信息科技的高度发达和高度普及，信息在社会上的作用越来越大，成为重要的社会财富，成为比物质和能源更为重要的资源；社会产业结构中信息产业体系日趋成为占主导地位的产业，从而形成以信息工业为主、以信息加工生产为中心来促使经济高度发展的经济模式；信息工作者成为劳动力的主体，由此改变了人们的生产和生活方式，并导致社会和社会文化发生深刻的变化；等等。“信息社会”也称“信息时代”，它们已成为被人们基本接受的概念。当然分歧不可能全无，例如，人类已经进入了信息社会还是正在进入信息社会？一国或少数几国进入信息社会是否意味着真正进入了信息社会？信息社会与工业社会的区别究竟有多大？是本质性、整体性的差别还是局部性、细节性的差别？许多社会学家认为当前所发生的变化是全社会的、多维度的变化，而不只是经济维度的变化。甚至可以说这个社会的“人本基础”都发生了本质的变化，例如农业社会的基础是农民，工业社会的基础是市民，而信息社会的基础是网民，在以网民为基础的信息社会里，人们的行为方式、思想方式甚至社会形态都发生了显著的变化。

针对“信息社会”的研究引发了学术界的激烈讨论，一种观点认为过去几十年间，旧有的理论范式依然流行，创立新理论的尝试受到阻力。但是，另一种观点认为，范式转换的时机快要到来了。因为社会机制已经发生了极其新异的变化，旧有的研究范式逐渐无法胜任对这种新变化的解释。对于社会理论的范式转换问题，以波斯特和贝尔为代表形成了两种对立的观点。波斯特的看法是，即将出现的新理论并不会表现为以一种总体化框架代替另一种总体化框架，而只是作为一种应对社会新现象的局部理论而出现。对这种新的社会现象进行批判的理论一定不能是一种总体化理论。总体化理论把他所研究的领域之外的观点，即敌对的观点边缘化、排挤出局，以偏概全，认为自己已经将整个社会领域的意义研究透彻。波斯特对总体化理论持批判立场，在他看来，后工业社会这个术语会直接造成关于工业社会的理论完全失效。因为，关于后工业社会的理论相对于关于工业社会的理论而言，是一次完全的断裂。关于后工业社会的理论会重新界定社会现实，重构分析场，使之前的理论失效。波斯特认为，这种总体化性质的更替不是个例，而是社会理论史中的常态。为了进一步说明这种理论的总体化性质，波斯特以贝尔为例进行了分析。

贝尔是当今西方炙手可热的资本主义研究大师，他的几部著作如《后工业社会的来临》《资本主义文化矛盾》都产生了巨大的社会影响。“后工业社会”这个术语虽然不是贝尔的首创，但却是因为他的讨论被学术界广泛接受。波斯特以贝尔所使用的“后工业社会”一词为例，分析了总体化理论所造成的后果。贝尔认为后工业社会与以往所有社会的形成方式都截然相反。原因有三：第一，后工业社会的收入来源主要与信息相关，而非以前的采掘和制造；第二，后工业社会的劳动力主要是信息工人；第三，知识和信息是后工业社会的轴心原则。所以，收入、劳动和知识的指数就证明了后工业社会这样一个新的社会经济结构的出现。但问题在于，贝尔把对社会经济结构的分析提升到更高深的层面。用波斯特的话说就是把“语域从社会分析转向本体论”。换句话说，贝尔从分析社会经济结构入手，把经济、政治、文化等因素统统纳入到后工业社会的一元化定义当中，使得他对社会某一新现象的界定扩展成为对整个社会的界定。

波斯特认为，后工业社会这个概念除了上述的总体化问题之外，还有另外一个问题，那就是后工业社会的理论家都有忽视语言的倾向。例如，后工业社会的理论家们没有把知识、信息、通信等现象作为语言问题来对待。信息的商品化与反商品化之争是当前信息社会研究的另一个焦点。贝尔认为社会领域由行动组成，后工业社会的中心特征是知识和信息在经济中扮演新角色。但是，贝尔把信息当作经济事实来对待。这就决定了，贝尔是在资本主义的经济理论的旧范畴之内来消化和理解这种新的社会现象，即“旧瓶装新酒”。贝尔意识到了信息与一般物质商品的不同之处，但是并没有把这种不同上升到理论原则的高度，而是认为资本主义的经济理论原则仍然可以同化信息这种新的商品。但是贝尔把信息归为商品却违背了知识和信息可以自由获取这样一种传统的自由主义原则。在波斯特看来，信息全球化本应成为促进这个自由主义原则进而深化社会知识民主化的动力，但贝尔却把它变成了限制自由、拓展犯罪领域（知识侵权、隐私曝光、信息盗窃等）的现实基础。

波斯特基于信息的特性错误地认为，不论是物质资源的限量原则，还是剩余价值理论，在面对信息时都难以做出合理的解释。对于前者，信息资源是无限量的；对于后者，无法确定信息工人对于信息生产贡献的确切比例。电子信息具有反商品化的特征。随着电子技术的发展，保护信息（商品、私人财产）的措施总是跟不上传播信息的能力。但是后工业社会理论对信息的这种反商品特性视而不见，结果就是仅仅把信息当作经济事实，而非当作语言事实来处理。在此问题上，波斯特的看法是：一方面，对马克思的立场进行继承和发展，使之能够解释新的社会现象；另一方面，马克思实质上已经预见到将来可能会发生的这种情况。他在19世纪50年代后期的《1857—1858年经济学手稿》中就指出，技术的进步、自动化的发展会导致劳动价值论的失效。劳动会完全变成生产过程的附庸，资本主义的生产方式因技术的影响而发生根本性的改变。这种改变当然会对社会变革的前景以及工人阶级的革命性造成影响。质言之，马克思敏锐地意识到了自动化将会带来的生产过程中的巨大转型。

马克思也认为科学是一种知识的形式，是话语。科学与劳动的生产、分配、消费受不同的逻辑支配。波斯特认为，马克思主义理论的形成在根源上受到启蒙运动的影响，具有二元对立思维模式的典型特征。科学被认为是维护人的利益的工具，与人、主体、精神、唯物主义、理性属同一个阵营。但是，科学预生产过程的相互关系却要求人们必须重新审视启蒙运动二元对立的逻辑假定。这要求，不能把与科学相联系的认知活动看作是纯粹的精神活动，而要把它们当作政治力量来批判。这是对待科学的一种视角的转换，这种视角的转换是科学介入生产过程所引起的。波斯特认为，法兰克福学派的霍克海默、阿多诺、马尔库塞、哈贝马斯等人都试图完成这样一种视角的转换。比如，他们都思考科学/意识形态的对立，强调科学在资本主义生产过程中所起的作用。但是他们的观点都有严重缺陷，这使他们难以提出一套信息方式的理论。“特别是总体化的倾向、无力发展一套基于语言学的信息理论以及强调科学的认识论地位这种癖好，促使他们走进了死胡同。”[①] 马克思主义理论本身是一个开放性的理论，是不断向前发展的，所以对马克思主义理论的探讨也就永无止境。

2. 信息社会及其透明性

不可否认的是人类社会正在进行一场新的革命，一场由信息所引发的产业革命，人类将从工业社会过渡到信息社会。西方学者对此提出了诸如后工业社会、第三次浪潮、超工业社会等许多新的概念，但是近年来有逐渐统一于“信息社会”的趋势，就连“后工业社会”的倡导者贝尔也认为“新工业社会”就等同于“信息社会”。但是我们也不能完全不加批判地接受西方学者的观点，因为毕竟西方学者研究信息社会的基础是资本主义制度。在他们看来，信息社会是一个必将取代资本主义和社会主义的新的社会形态。但是信息化是社会发展的必然趋势，信息社会的存在有其合理性，它表明了社会的生产力发展到了一个新的水平，生产力的发展必然引起社会生产关系的变化，从而使社会产生新的特征。马克思根据生产方式和经济制度的标准将社会分为不同的发展阶段：原始社会、奴隶社会、封建社会、资本主义社会、社会主义社会、共产主义社会。每个发展阶段都体现了生产方式的剧变，但是社会形态极其复杂，从不同的角度进行划分也有助于加深我们对社会的认识。

剑桥大学的安东尼·吉登斯认为，我们正处于一个剧烈而令人迷惑的转变时期，或许它标志着整个工业时代之后的一次飞跃，然而此时却充斥着对信息社会软弱无力的描述，以及后现代主义和大量社会诠释

---

① 马克·波斯特．信息方式：后结构主义与社会语境 [M]．范静哗译．北京：商务印书馆，2014：60．

的空虚概述。[①] 有人说当信息突破了时间和空间的阻隔，它所携带的信息的能量就能够具有一种非常神奇的力量，可以凝聚共识，可以焕发情感，能够形成一种强大的社会动员力量。互联网技术的发展使得信息的汇聚变得轻而易举，在全世界范围内实现了信息的瞬息可得。互联网技术的广泛应用实际上实现了两个连接：一是把人与人连接在一起，另外是把人与信息连接在一起。这两个连接使信息传播的效率、创造的效率大大提升。信息的爆炸使得我们身处信息社会这个事实在许多学者看来是不言自明的，因此对“信息社会”概念的研究也就显得无足轻重，但是当谈到信息社会的具体标准的时候，他们却开始含糊其词、莫衷一是。那么信息到底是什么？为什么会有那么多的学者把它看作是现代社会的核心？

实际上，在信息社会的众多研究者眼中，信息所具有的这一切特性都不过是信息的透明性的一个个特殊的呈现。信息技术和信息产业的发展为这种透明提供了基础和支撑，信息无死角、全球信息的瞬间可得正是这种信息透明的直接体现。当他们说信息突破了时间和空间限制，在所有人面前自由呈现的时候，他们说的就是信息的透明性。当他们把信息作为一种与传统的商品不同的特殊商品加以理解的时候，当他们认为对信息的分享不应设置人为的壁垒和障碍的时候，他们是在对信息的透明性提出要求。所以，信息社会这个概念，在信息本身上呈现出的最主要特性就是信息的透明性。概念是思考的工具，它帮助人们组织观察世界的方式，并建立一个清晰的思路。[②] “信息社会”的概念有助于我们汇总范围广泛而数量繁多的现象，为当下人们所处的时代寻找最具代表性的特征。关于信息社会的概念一直存在着较多争议，主要存在着两种观

① 弗兰克·韦伯斯特．信息社会理论 [M]．3 版．曹晋，梁静，李哲，等译．北京：北京大学出版社，2011：370.

② 弗兰克·韦伯斯特．信息社会理论 [M]．3 版．曹晋，梁静，李哲，等译．北京：北京大学出版社，2011：342.

点。一种认为连续性优于变化，承认信息化生活是既存势力的延续，是过往社会的连续而不是变化；一种强调变化优于连续性，标志着一种系统的断裂。持后一种观点的学者提出了后工业社会、后现代主义、信息化的发展模式等概念。弗兰克·韦伯斯特在《信息社会理论》一书中梳理了关于信息社会研究的两种观点。他以科技的、经济的、职业的、空间的和文化的五种标准对信息社会进行考察，主要研究了贝尔的后工业社会理论、曼纽尔·卡斯特的网络社会理论、赫伯特·席勒的信息与市场的观点，以及哈贝马斯关于信息与民主的观点。他认为这些理论都强调了信息在当代社会的重要意义，只是出发点有所不同。贝尔认为服务业的增加带来了信息职业的扩张，这是“后工业”社会自我运行的最重要因素。席勒则认为信息的爆炸推动了资本主义公司的扩大。而哈贝马斯则担心“公共领域”中信息质量正不断下降，因为“公共领域”是民主政治正确运行的基础，而信息则为民主参与者提供氧气。也有一些学者从社会批判的角度对信息社会进行研究，认为从社会传播媒介的角度出发，我们已经进入了以信息为主导的“第二媒介时代”。其中制作者、销售者和消费者这三个概念之间的界限将不再泾渭分明，大众媒介的第二个时代正跃入视野。[①] 虽然这些思想的侧重点有所不同，但是不可否认的是无论哪一种观点都承认信息在过去几个世纪以来对世界经济、政治产生的深刻影响。

综上所述，信息社会是继工业化社会以后出现的以信息科技的发展和应用为主要标志的社会，在信息社会里，信息和知识在经济增长中发挥主要作用，透明是信息社会的显著特征。与工业社会相比，信息科技的发展和应用成为促进信息社会经济增长的最主要动力，迄今为止人类社会的历史发展经历了渔猎社会、农业社会、工业社会和以信息为主要特征的信息社会。工业革命的发生和机器大工业的兴起极大地促进

① 马克·波斯特. 第二媒介时代 [M]. 范静哗译. 南京：南京大学出版社，2000：3.

了生产力的解放，社会所有领域都发生了革命性的变迁，使人类从农业社会直接过渡到工业社会。自 20 世纪 70 年代开始，信息科技革命的发展又引发了信息化的高潮，互联网技术的飞速发展，使信息技术在政治、经济、文化、教育等社会生活的各个领域广泛应用，信息化的程度也在不断提高，人类无时无刻不在感知这样一个事实——信息透明的社会的来临。

3. 信息社会与农业、工业社会

如果以产业结构为标准，人类社会发展的历史中包括农业社会、工业社会和信息社会等范畴。通常看来，这种划分主要是将这一历史时期社会生产中主要存在的社会产业作为分类依据的。比如，小农经济在农业社会中就是主导性的社会产业，而机械大工业则是工业社会的主导产业。以此类推，信息社会之所以以信息冠名就是因为主导产业是信息的加工、制造和销售。贝尔把人类历史划分为三个阶段：前工业社会、工业社会和后工业社会。农业社会是前工业社会的一种形态，就信息的传播而言，农业社会是一种信息低透明的社会形态。分工、流动、壁垒、土地束缚最终表现为信息效率的低下。

工业社会是继农业社会或传统社会之后的社会发展阶段。以轻工业为主的是工业社会前期；以重工业为主的是工业社会后期。在工业社会中，以大机器的使用和无生命能源的消耗为核心的专业化社会大生产占据了社会经济的主导地位。在工业社会，以机器取代手工，生产力的发展主要以机器的发展和应用为基础。人们不断地引进新技术，使用新的机器生产更多的工业产品来满足市场的需要。工业化带来了人口的大量集中，城市的规模不断扩大，社会财富不断增长。工业社会中的这一切促使了信息效率的提高，一幅越来越完整的世界地图展现在人们面前。但是，在此阶段，人的发展仍极大地受制于物，人的关系主要在物的生产中体现出来。信息关系归根到底是关于人的一种关系，其中人与人的关系占据主要地位。人与人的关系在关于人的各种关系系统中所占的比重越大，相应的人所要应对的与物的关系比重越小，信息传播的效率就越高。而人与人的关系越是受制于人与物的关系，信息的效率就越低下。所以，工业社会仍然是一个信息效率低下的社会，虽然它在信息上比农业社会要透明，但它的这种透明性，与其说是受到了工业社会的技术手段的影响，毋宁说是受到了人与人的关系的制约。

马克思在谈到社会进化时强调，现在的社会不是坚实的结晶体，而是一个能够变化并且经常处于变化过程中的有机体，而且这个有机体的进化类似于生物的进化。马克思主张把社会看作是一个有机整体。社会这个具有自我调节、自我控制和自我发展能力的生命有机整体，就像生物有机体一样，会受到信息透明的影响。在信息社会，技术手段让信息更加透明，社会有机体也面临着自己的“寒武纪大爆发”。一个社会中任何的组织，都必须适应信息透明的要求，否则就会被淘汰。

信息社会以信息科技为基础，生产效率得到大幅提高。另外，虽然与资本主义社会在发展历史中有一定阶段的重合，但是以往的那种受制于物的关系的人的关系并不是信息社会的全部特征。甚至于，在信息社会人有可能摆脱对物的依赖，获得自由的发展。用贝尔的话来说，信息社会是一个令人向往的社会。即便就当前的资本主义阶段的信息社会而言，资本主义的生产也获得了一些新的内容。比如，传统的与物打交道的资本主义生产，在现在越来越让位于与人打交道的生产。第三产业在信息社会中成为支柱产业，传统的与物打交道的工业、农业普遍衰落。信息产业中大部分都是白领的职业，因为他需要处理人而不是处理物，诚信在大部分工作中的地位变得比以前重要。[①] 信息社会的“核心人才”是专业人士，因为教育和培训，专业人士已经具备了专业知识，能够提

① 弗兰克·韦伯斯特．信息社会理论 [M]．3 版．曹晋，梁静，李哲，等译．北京：北京大学出版社，2011：54．

供各种不同的技术以满足人们在后工业社会不断增加的需求。信息工作和大量以知识为基础的专业工作大量涌现。贝尔援引波斯特对美国经济的统计分析，得出这样的结论："将近百分之五十的国民生产总值，以及超过百分之五十的工资，来自信息商品及信息服务的生产、加工和分配。正是从这个意义上讲，我们的经济已经变成了信息经济。"①所有这一切都表明，我们的社会在信息上正变得越来越透明，这种透明性的结果必将引起社会的进化。

二、信息社会的特征

信息社会相对于工业社会、农业社会而言还是一种新的社会形态，对信息社会各方面的研究尚不成熟。对于信息社会的特征是什么，信息社会与农业社会、工业社会的区别是什么，还没有形成统一的认识，结合前人的研究成果尤其是西方当代学者对信息社会的研究，可以初步地概括出信息社会的几个特征。

1. 经济

信息成为最重要的经济资源，信息化、智能化成为社会生产方式最显著的特征。信息社会最主要的特征就是科技、知识、信息等"看不见的资本"在社会经济增长中的作用日益增强，信息活动的经济价值与日俱增。丹尼尔·贝尔认为信息社会与马克思所处的工业化社会在经济结构上已经发生了根本性的改变。原因有三：第一，后工业社会的收入来源主要与信息相关，而非以前的采掘和制造；第二，后工业社会的劳动力主要是信息工人；第三，知识和信息是后工业社会的轴心原则。所

① 马克·波斯特．信息方式：后结构主义与社会语境[M]．范静哗译．北京：商务印书馆，2014：34.

以，收入、劳动和知识的指数就证明了后工业社会这样一个新的社会经济结构的出现。韦伯斯特认为：只要信息活动取代生存农业和工厂制造业而占据经济活动的大部分，那么我们便进入了信息社会。[①]还有一些学者主张把经济分为主要信息部门和次要信息部门，也就是将信息的经济意义进行量化，以此来精确测量信息部门在经济增长中的作用。

贝尔利用许多相关的调查研究来分析信息在经济增长中的作用，以此来论证自己“后工业社会就是信息社会”的观点。他说在前工业社会生活是“一场与自然竞争的游戏”，“人们用原始的体力进行劳动”。而在工业社会情况发生了根本的变化，在“技术和合乎经济利益”的条件下，“机器占据着优势”，而在后工业社会，竞争中需要考虑的因素，既不是体力，也不是能源，而是信息。[②]信息在经济增长中的贡献比重大幅提升带来了产业结构的调整，信息产业成为整个社会的支柱产业。而传统的产业也开始越来越倚重于信息技术，信息技术渗透传统的生产、销售、运输等各个部门。每个行业都在进行积极的信息化改造，信息产业与传统产业越来越难以划清界限，有些传统的行业甚至被新兴的信息产业所取代而彻底退出历史舞台。信息化也带来了生产效率的提高和生产成本的降低，可以预见未来的综合国力和社会发展水平将以信息化程度的高低进行衡量。

2. 科技

信息科技是信息社会的基础，信息科技的广泛应用是信息社会出现的标志。科技被视为最明显的时代标志之一，在很多情况下新科技被视

---

① 弗兰克·韦伯斯特. 信息社会理论 [M]. 3 版. 曹晋，梁静，李哲，等译. 北京：北京大学出版社，2011：16.

② 弗兰克·韦伯斯特. 信息社会理论 [M]. 3 版. 曹晋，梁静，李哲，等译. 北京：北京大学出版社，2011：127.

为信息社会到来的信号。新科技以互联网科技为代表，包括有线和卫星电视、新的办公室技术、在线信息服务等，这些新科技必然会引起社会的重构，从而带来系统的社会变革。托夫勒更形象地把由新科技所带来的社会变革叫做“三次浪潮”，他认为随着时光流转，世界已完全被三次科技革命浪潮所塑造，这三次浪潮犹如汹涌澎湃之潮汐，后浪推前浪，无法停歇。其中第一次是农业革命，第二次是工业革命，第三次便是信息革命，它在席卷我们的同时，也预示着一种新的生活方式的来临。牛津大学互联网研究所的教授卢西亚诺·弗洛里迪认为我们确实进入了一个史无前例的阶段，我们从以物质为基础的社会、以黄金为基础的社会，进入了以能源为基础的社会，进入了以信息为基础的社会。①

信息社会的发展依赖于信息科技的提高，信息科技不仅对经济发展有重要作用，还广泛渗透到文化、教育、政治等领域。由此引发了一系列的社会变革。信息科技正是新的信息社会引人注目的特征。但是还有一个问题没有得到解决：在现今社会里，到底有多少信息与传播科技？到底需要多少信息和传播科技才能被视为信息社会？这个问题也是研究信息社会不能回避的一个问题，对信息社会的界定还缺少可行的标准。当然针对信息社会，还有一些人持科技决定论的观点，认为在一个特定的时代里，新科技的问世会对社会带来巨大的冲击，迫使人们适应新型社会的情景。这就把科技放到了至高无上的地位，这种说法显然也是片面的，缺乏一种整体论的视角。因为科技并非游离于社会领域之外，始终是社会生产力的一部分，是构成社会整体必不可少的一环。虽然信息科技对于信息社会的意义不言而喻，但是科技决定论的观点也是不可取的，不能把信息科技视为一种孤立的、脱离社会影响的力量存在，并由此来定义信息社会这个概念。

---

① 弗兰克·韦伯斯特．信息社会理论 [M]．3 版．曹晋，梁静，李哲，等译．北京：北京大学出版社，2011：29.

3. 文化

网络文化的兴起逐渐受到人们的关注，它作为一种新的文化形式丰富了整个社会文化体系。信息社会经济基础、技术基础的变化必然会导致思想文化领域发生相应的变革。由互联网技术所引发的技术改变把各种沟通模式整合到一个互动式的网络中，通过“超文本”和“后设语言”的建构，历史上首度将人类沟通的书写、口语和视听模态整合到一个系统里。通过人脑两端，也就是机械与社会脉络之间的崭新互动，人类心灵的不同向度重新结合起来。[①] 将文本、意象与声音整合到同一个系统，在开放且可以获得读取路径的条件下，于不同的地点和选定的时间里在全球网络上互动，这种做法确实彻底改变了沟通的特性。沟通确定无疑地塑造了文化，一种新的文化形式悄然兴起。

文化对于信息社会的定义来说，最容易得到人们的认同，但同时也最缺乏关注。因为文化与人们的日常生活息息相关，我们每个人都发现社会上流通的信息量正在显著增加，人们获取信息的方式也更加便捷。文化总是与传播联系在一起，信息社会电子媒介的兴起更是深刻地影响了整个社会。有人说我们现在处在一个媒介的世界里，信息正以人们想象不到的速度向日常生活渗透，媒介信息萦绕着人类的生活，离开信息的生活也变得更加难以忍受。与过去相比，当代的文化承载了更多的信息色彩，信息的透明度不断深化。对此，许多学者主张信息的爆炸意味着符号的死亡。人类的生活被符号所包围，身处符号的海洋，却导致了意义的崩溃。当代社会，与信息不断增加相应的，却是意义的逐渐贫乏。符号的泛滥使其表意功能大打折扣，同一符号甚至带来两种截然相反的意义。符号的意义被曲解、颠覆或者重新定义，但是一种新的文化的产生却是不争的事实。近年来随着信息社会的不断发展，网络文化逐

① 曼纽尔·卡斯特. 网络社会的崛起 [M]. 夏铸九，王志弘，等译. 北京：社会科学文献出版社，2003：406.

步繁荣。网络文化由于其受众的广泛性传播极快，已经成为我们在文化建设中不能忽视的重要部分。

第三节　信息社会的虚拟性

哲学最重要的特性就是其对于时代特征的把握，黑格尔认为哲学是“被把握在思想中的它的时代”。[①] 信息社会最重要的特征是虚拟性，从现实性和虚拟性的角度来看，以往的哲学都是在非数字化的现实性框架内的哲学，而随着信息社会的发展，我们进入到一个信息化的时代、虚拟的时代，因此考察信息社会的虚拟性，进而研究人的虚拟性就显得尤为重要。信息技术的发展使人的虚拟性特征得以淋漓尽致地展现，各种各样的虚拟技术的出现为人的虚拟性特征的呈现提供了强大的技术支撑，人的虚拟性与人的现实性成为理解人性不可或缺的两个方面。信息技术成为一种中介，它连接着人的现实性和虚拟性，从根本上改变了我们与信息的关系。

一、人的信息化生存即人的虚拟生存

随着信息社会的发展，人的生活方式也发生了巨大的变化，互联网技术的日臻完善极大地拓展了人们生存和发展的空间界限，出现了以信息技术为基础的信息化生存，也有人把它叫做虚拟生存。人的虚拟生存即通过符号、影像等信息方式在虚拟空间的生存状态。虚拟生存现象引发了人们对自身生存状况和发展现状的反思。人在虚拟生存状态时即使人的实体并不存在，也会使人产生一种身临其境的感觉。这种虚拟生存

① 黑格尔．法哲学原理 [M]．范扬，张企泰译．北京：商务印书馆，2017：14.

虽然不具备本体论上的意义，但是却对认识论产生了很大的冲击，具有深刻的认识论的含义。

全球化的发展使人们进入了一个由网络组成的虚拟世界，由此也造成了人类一种新的生存方式——虚拟生存的诞生。从20世纪60年代开始，计算机图形处理与仿真技术、人机接口技术、信号处理与传输、传感技术等通过网络把社会连接成了数字化的超级平台，形成了数字化、电子化存在的虚拟空间。人机交互与人机界面的人性化使网络主体可以通过各种软硬件配置将自己迅速“投射”到虚拟的环境中进行虚拟实践。而在信息智能处理能力不断增强的过程中，虚拟实践也发生着场域与介入层次的变化。当下的虚拟实践已将现实社会与虚拟社会更紧密地联系在一起，呈现为虚拟世界与现实世界融通混合的时代。

虚拟生存方式也是人类精神世界的客观需求。马斯洛需要层次理论认为，人类价值体系存在着像阶梯一样从低到高的两类不同层次的需求，一类是沿着生物谱系上升方向逐渐变弱的本能或冲动，即生理需要；一类是随着生物进化而逐渐显现的潜能或需要。农业社会以来，人类逐步缓解了第一层次需求对自身发展的制约，生存的意义不再被寻找维持生命存在的食物等这一类的最基本需求所完全占据。进入工业社会以后，虽然物质世界极大丰富，但更高层次的归属和爱的需要、自尊的需要、自我实现的需要等却受社会发展水平、交流交往空间、沟通协调能力、信息获取渠道、个人受教育程度与个人综合素质等多重因素制约。虚拟社会由技术延伸出的网络隐匿生存、网络信息共享、网络缺席交往、网络虚拟实践等，可以在一定程度上为个体追求更高层次的精神满足，并通过虚拟社会实现自我价值搭建新的平台，创造新的机遇。

互联网是如此根本性地改变了人们从现代社会和此前漫长的年代中习得的认识与经验。时间与空间、肉体与精神、主体与客体、人类与机器——随着网络化的计算机的应用和实践，它们都在各自相互激烈地转换。[①] 虚拟生存已成为人们最重要的生存方式，主体生存与时空的统一性受到了挑战，人们的存在方式开始超越时空的限制，走向虚拟化。用尼葛洛庞帝的话说主体存在于一个“没有空间的地方”，他更把此称为“无疆界的世界”。互联网技术的发展使人的虚拟生存状态越来越普遍，从信息传播的便捷性和即时性来看，人们也更愿意以虚拟生存的姿态展现自己，虚拟生存时间占据了人们大部分的时间。虚拟生存是信息时代人的生活方式改变的最重要表现，有人形象地说在信息时代，社会将分裂为不同的阵营，即“信息富裕者和信息匮乏者”，计算不只和计算机有关，它决定我们的生存。[②]

自从“虚拟实在”概念提出以来，关于它的争论一直不绝于耳，其中的争论主要集中于以下几个问题：①虚拟实在的概念是什么？②虚拟实在是否会导致无法区分虚拟和实在？③虚拟实在是否会导致实在论的崩溃？④虚拟实在对主客体关系产生什么影响？⑤虚拟实在对传统哲学产生什么样的影响？

二、信息社会生产方式的变革与虚拟生存

马克思认为生产方式是社会生活所必需的物质资料的谋取方式、劳动方式和生产关系等，它实际上包含着人与自然界以及人与人之间的双重关系。其中生产力是生产方式中最重要的一环，以互联网技术为代表的新科技革命凸显了科学技术对生产力发展的重要作用，科技知识对提高生产力的作用越来越显著。有鉴于此，许多西方学者开始转向对知识、信息的思考。贝尔把知识作为后工业社会的标志之一，认为后工业社会是以知识为标志的社会。奈斯比特认为在信息经济社会里，价值的

① 马克·波斯特．互联网怎么了［M］．易容译．开封：河南大学出版社，2010：5．

② 尼葛洛庞帝．数字化生存［M］．胡泳，范海燕译．海口：海南人民出版社，1997：23．

增长不是通过劳动，而是通过知识实现的。[①]马克思也十分重视科学技术在生产力提高中的作用，在他看来，当科学技术的因素被引入到生产过程当中，生产的效率就会立刻得到提升，生产的规模也会随之扩大。在新的信息发展方式中，生产力的来源在于产生知识、信息处理与象征沟通的技术，知识与信息无疑是一切发展方式的关键因素。[②]正因如此，科学技术作为第一生产力的观念越来越深入人心。进入信息社会，在当代科学技术中占主导地位的是信息技术，因为信息技术最主要的特征是虚拟性，所以生产力也被打上了虚拟性的烙印。

而从生产关系的角度来看，随着信息社会生产力的发展，生产关系必然也会随之发生相应的变化。由于当代市场经济已经发展成了以信息为基础的信息经济，那么生产关系也发展成为网络化的信息生产关系，这种生产关系是以信息社会为背景、以互联网技术为支撑、以信息技术产业为基础的。这种信息化的生产方式也被打上了虚拟化的印记，虚拟经济的出现也成为必然趋势。由市场、企业和消费者构成了一个虚拟化的市场，虚拟化的市场以其交易的便捷性迅速发展成为当前经济发展的重要环节，甚至催生了新的产业的兴起，互联网的日益发展正在不断地促成一种全新的经济体系的发展壮大。

三、信息社会生活方式的变革与虚拟生存

生活方式是不同的个人、群体或全体社会成员在一定的社会条件制约和价值观念指导下所形成的满足自身生活需要的全部活动形式与行为特征的体系。马克思认为生产方式决定生活方式，生活方式又是一定生

① 约翰·奈斯比特. 大趋势：改变我们生活的十个新方向 [M]. 梅艳译. 北京：中国社会科学出版社，1984：15.

② 曼纽尔·卡斯特. 网络社会的崛起 [M]. 夏铸九，王志弘，等译. 北京：社会科学文献出版社，2003：20.

产方式的反映，生产方式与生活方式之间具有一致性。“人们用以生产自己的生活资料的方式，首先取决于他们已有的和需要再生产的生活资料本身的特性。这种生产方式不应当只从它是个人肉体存在的再生产这方面加以考察。更确切地说，它是这些个人的一定的活动方式，是他们表现自己生命的一定方式、他们的一定的生活方式。”[①]可见，生产方式和生活方式是密切联系的，必须把它们放在一起进行考察。今天在世界范围的信息化、网络化浪潮不仅是人类生产方式的一次重大的变革，也在更大程度上引起了人们生活方式的变革。数字化生存、信息生存成为人们必不可少的生活方式。信息化改变了人们的生活，在网络时代，我们处理的是与电子有关的虚拟空间，而不是与汽车有关的物质空间。[②]虚拟化的生活方式正前所未有地改变着人们的生存状态，人们通过互联网提供的各种工具进行便捷、互动的交流。虚拟生存已经成为人们最主要的生活方式，现在的人们很难想象如果没有网络，人们的生活将变成何种样式。虚拟生存不仅改变着人们的生活方式，更在潜移默化人们的价值观念、改变着人们的思维方式。人们通过信息化将自己置身于一个虚拟的世界之中，人们的工作、生活都与网络息息相关。信息化所带来的一个结果就是带来一种每时每刻都与电脑、智能手机为伍的生活方式。

四、信息社会文化的发展——虚拟文化的出现

信息社会的发展也催生了一种新的文化即虚拟文化的兴起。每一种文化的出现和传播都离不开媒介的发展，媒介对于文化的传播起到了至关重要的作用。由于信息技术的发展，文化受到了新技术系统的影响而

① 中共中央马克思恩格斯列宁斯大林著作编译局．马克思恩格斯选集：第 1 卷 [M]．北京：人民出版社，2012：147.

② 约翰·奈斯比特．大趋势：改变我们生活的十个新方向 [M]．梅艳译．北京：中国社会科学出版社，1984：22.

有了根本的改变，并且这种改变也会随着时间的推移而日益加剧。新的媒介传播系统是具有通达所有、整合所有的媒介系统，围绕着互联网而形成的互动式网络，把世界上大多数的人口都涵盖其中，它具有潜在的互动性作用，正在改变着我们的文化。沟通构成了文化。鲍德里亚说一切沟通形式都奠基于符号的生产和消费。[①] 当沟通的媒介转变为以互联网为主的电子中介时，其特殊性就催生了一种新的文化——虚拟文化。在虚拟环境中，现实本身完全陷入并且进入虚拟意象的情境之中，这是个“模拟现实”的世界。所有的信息都包含在媒介之中，媒介的丰富、全面和富于延展性，使得各种观念再次汇聚，形成了结构复杂的文化形式。一方面，这种混杂着各种观念的新文化大幅度地削弱了某些过去的文化霸权者的权威，促使他们根据新形势的变化进行调整。比如在新系统中对自己的观念进行重新编码，否则就会日趋没落。另一方面，虚拟文化的出现彻底改变了人类生活的时空限制，使新的文化脱离了地域性的文化、历史、地理的意义，综合了过去、现在和未来的文化使之成为一个完整的系统。

鲍德里亚认为电子媒介以它们的物质形式和时空领域构建了一个超现实的“仿像”的世界。在这个“仿像”的世界里，主客体的关系正在发生着变化，主客体之间的双向互动成为新文化最重要的特征。新的虚拟文化摆脱了以往文化形式的单向性，主客体之间的沟通借助新媒介变得更加便捷。另外也造成了虚拟文化的不确定性，以往的文化传播方式都是单向性的，这就造成了一定程度上的文化霸权主义，双向性的文化互动虽然在很大程度上削弱了文化的霸权主义，但是也带来了更大的随意性。由于参与虚拟文化形成的主客体范围的广泛性，各种观念互相影响也使虚拟文化具有了更大的不确定性。由于互联网的被建构性一定程度上也造成了虚拟文化的不确定性，文化传播者的去中心化、主体身份

① 让・鲍德里亚．符号政治经济学批判 [M]. 夏莹译．南京：南京大学出版社，2015：59.

的不确定性都成为虚拟文化不确定性的因素。

但是我们也应该看到，当前充斥在网络上的虚拟文化现象形形色色，许多学者甚至认为虚拟文化对于人的价值观念的形成具有长久的腐蚀和侵害作用。不可否认的是虚拟技术的商业性推动使得网络的负面效应得以凸显，网络在一定时期呈现出某种无序状态。例如，网络更易催生群体性公共事件，娱乐至上引发了很多有违公序良俗和主流价值观的网络乱象。此问题实际是法律滞后性所导致的阶段性“法外之地”现象，其主因是制度缺失及监管缺位。即便如此，虚拟文化同样也展现了其在文化进步上的整合能力，与马尔库塞和霍克海默所批判的“大众文化”不同，虚拟文化并非通过为人们提供一个不同于现实世界的幻想的精神世界而平息社会的内在反对性和反叛欲望，相反，虚拟文化具有批判性的特质，无论对现实的隐射、嘲讽还是在虚拟环境中的沉浸、拟真，其形成过程都是一种新的实践形态，都是来自现实生活或者与现实生活密切相关，传达着群体的自身诉求并反映出情绪宣泄背后的深层社会问题和文化问题。

信息社会强大的民间表达诉求和情绪宣泄的舆论场推动着民主的进步和国家治理的创新，其明显例证就是国内外政府管理开始转变方式，大数据、云计算和智能分析等介入管理过程，以便能够更迅捷地抓取、聚焦核心问题，帮助政府及时获取资源与信息，准确掌握民情民意，吸纳民众意见，对社会热点及时做出反应。求真、开放、平等、协作、分享的互联网精神，使虚拟文化在持续微创新的过程中重塑着生活方式和文化形态。这种新的文化形态构建的过程，是基于普通民众广泛参与的对现实社会的深度介入，其形成过程也是文化形态多样性形成的过程。虽然草根批判与精英批判可能在价值观念、观察视角、基本立场上存在差异，但是多元文化形态之间的互动、交锋、冲突与碰撞本身就是文化多样性的基本生态。对于虚拟文化而言，批判与创新是伴生的两个范畴，推动着对技术进步、社会发展以及两者和谐共存的理性省思。

五、信息社会生产方式和生活方式的变革与人类生存需要的一种特性——虚拟性

虚拟是与人们的想象相类似的一种活动，在漫长的人类历史中一直扮演着重要的角色，是人类一种重要的文化实践活动。东方和西方广为流传的神话故事代表着早期的人们对自然的恐惧和未知力量的崇拜。随着人们改造自然能力的发展和实践活动的丰富，我们在文学作品、游戏、宗教故事中都能看到虚拟的身影。虚拟性是人类的一项重要特性，也是文化产生的源泉。人类与生俱来的虚拟特性中蕴含着大量的想象力、逻辑推理能力，这些成为人类知识的重要来源。但是如果虚拟性只是一种心理活动而没有形成社会文化实践就不能称为文化。虚拟技术的出现为人类的虚拟特性搭建了现实的平台，人们可以将自己的欲望和需要投射到这里。这也是为什么网络出现之后，人们大部分的时间愿意沉溺在虚拟空间中。人们在虚拟空间中可以获得身体与心灵的彻底放松，甚至在这里实现角色的转换。现实中无法满足的需要和欲望在这虚拟的空间中能暂时得到实现和满足。虚拟空间中真实身份与虚假身份的互换造成了一种不确定性，而这种不确定性也正是虚拟文化的特性所在。虚拟通过符号化了的神话、宗教或文学艺术游离于现实与幻想之间，这种开放、流动的体系提供了解放与抵抗的可能性。只有在虚拟之中，这种可能性才会发生。非现实的可能性和潜在拓展人类的想象空间乃至生存空间，使生命变得丰富而多彩。①

当然我们现在所说的虚拟实在与虚拟性有着本质的差别，虚拟实在是在虚拟现实技术之上形成的人类的新的生存状态。虚拟现实技术旨在打造一个人工真实环境，它的过程是虚拟的，但结果却是真实的。从书籍到网络再到虚拟现实空间，人类实现了从虚拟到虚拟性再到虚拟实在的过程，这一过程也是人类生存方式发生剧变的过程。人们将意识暂时

① 朱珊．作为人类一种存在方式的虚拟：对虚拟的哲学思考 [J]. 哲学研究，2019，(12)：82-85.

抽离身体，在虚拟空间中感受前所未有的体验，人们惊叹于文化的魅力、技术的精妙，同时也感受着自身需要的发展与膨胀。电影《阿凡达》的魅力与巨大成功让观众领略到虚拟技术的神奇，虚拟现实技术真的做到了能将世界上每个人都置于一个巨大而逼真的虚拟体系下，那么像《黑客帝国》中主人公沉浸在虚拟世界而不自知的情况就真的会到来了。就算我们未来依然有相应的判断体系来进行虚拟与真实之间的判断，同样有一些社会问题不容忽视。那么未来实现互联的虚拟现实世界，从哲学角度而言，到底是物质的还是意识的？会不会也和现实社会之间产生这样的诸多冲突？长期以来，人类对于物理世界的感知，受困于身体性的感官通道，我们都是我们身体的囚徒，如果有一天，我们可以绕开或通过技术手段欺骗生物的感知系统，那么我们的存在又如何界定？数字化技术颠覆了人们的生存方式，会不会进一步从技术哲学的角度，颠覆物质世界的存在论意义？这些都是我们应该认真思考的问题。但是无论是《黑客帝国》还是《阿凡达》，都给我们呈现出了一种新的态势，即人类的虚拟性生存已经开始。

人类虚拟生存的常态化必然会激发人们需求的变化。虚拟生存是人们对自身生存条件不断追求的必然结果，并且为人们提供了一种全新的生存方式，这种全新的生存方式使人们产生了一种新的需要——虚拟需要。虚拟生存的空间表示一个在线的或人工的世界，一个由我们的系统所产生的信息和我们反馈到系统中的信息所构成的世界。① 人们把现实社会的各种规则转移到虚拟空间，使人们在虚拟空间中也有一种“身临其境”的感觉，当我们觉得正穿过界面转移到一个有其自身维度和规则、相对独立的世界的时候，我们便是住在网络空间里了。②

① 迈克尔·海姆．从界面到网络空间：虚拟实在的形而上学 [M]．金吾伦，刘钢译．上海：上海科技教育出版社，2000：79．

② 迈克尔·海姆．从界面到网络空间：虚拟实在的形而上学 [M]．金吾伦，刘钢译．上海：上海科技教育出版社，2000：79．

首先，人的精神需要的虚拟性。马克思唯物史观的前提和出发点是“现实的人”，现实的个人为了生存必须首先满足自己的吃喝住穿等物质需要，人通过与自然界的交换维持自己的生命活动。与物质性的需要相同，人的精神性的需要是通过与现实事物进行信息与能量交换来满足的。但不同的是，人的精神需要作为人的特殊属性具有虚拟性，人的精神需要的实质是一种信息，它的满足只是事物与人之间发生的一种信息的转移，而在这个过程中并没有发生物质和能量的传递。由此可见，人的精神需要完全可以从由事物分离出来的信息符号中获得。人的精神需要的虚拟性是与生俱来的，但是随着信息技术的发展，人的虚拟生存成为常态，虚拟空间存在的信息资料、交流工具、娱乐空间大大满足了人们的精神需求。反过来说，虚拟空间这些信息之所以能以数字符号等方式满足人们的精神需要，并且实现资源的重复利用，从根本上说还是由于人的精神需要的虚拟性。虚拟空间的存在成为人的精神需要的承载空间，在这个虚拟空间里，人们的各种精神需要可以得到最大限度的满足，它也提供了一个发挥人们积极主动性的场所。人们在虚拟空间里直接接触的是数字化的符号空间，而不是实在的物质世界。虚拟空间源于客观物质世界，但是又具有相对独立的意义。

其次，人与人交往需要的虚拟性。在现实世界中人们之间的交往受到时空的限制，具有无法克服的局限性，人们在主观上需要一个更加自由、便捷的交流空间。人们在客观世界的交往中往往受到自身身份、道德、传统观念的限制，人的自由受到很大的限制，不能随心所欲地进行交往。而在虚拟空间中，人们可以隐藏自己的身份进行匿名的交流，更好地满足了人们交往的需要。并且在虚拟空间中，由于各种交流工具的出现，人们可以随意地与世界各地的人们进行交流，从而摆脱时空的限制。人们对便捷式交往的要求客观上也促进了人们交流工具的发展。虚拟空间的存在也拓宽了人们交往的范围，人们可以在世界范围内进行自由便捷的交往。我们可以在网络空间进行没有尽头的旅行，没有任何限制，因为这个空间是电子的，用电子的方式我们不仅能表现实际的物理宇宙，而且也能表现那些可能和想象出来的世界。[①]人们在虚拟空间里以虚拟的身份进入其中，实现了交往主体之间身份的平等，从而为人们自由全面的发展提供了条件。人们在虚拟空间的交流实现了信息的即时性，大大提高了人们之间的交往效率。我们所有人正被拖向电子世界，这趋势不可阻挡。就像有人送来一辆车，但没人教你怎么开，也没有行车地图，我们正蒙着眼睛向前冲。[②]

虚拟以一种非同寻常的方式介入对真理的追问与探寻之中。因此，虚拟可以是一种技术形态，但它更是一种文化实践活动，是我们不可缺少的一种生存方式。虚拟通过创造、超越等实践活动使人认识自身、认识自我意识的存在，完成对自由的确认，而只有自由的存在才是真正意义上的人的存在。所以，虚拟是人类文化史上的一个标志性事件，它在根本上意味着人类开始依靠一种自觉的精神力量来寻求自由。这意味着一种将生命从对过去的负担和对当下的焦虑中解放出来，使之充分呈现人类存在的意义的智慧。[③]虚拟通过技术的方式实现了人类存在方式的变革，为人类精神性需要的满足提供了技术的支撑，使人与人之间的交往打破了时空的限制，实现了主体之间的平等，并使虚拟文化成为人类当前独有的一种文化实践方式。人类通过这种独有的实践方式进一步确证了人的本质，代表着人类在追逐梦想的基础上追问世界本身及存在本身的能力。

① 迈克尔·海姆．从界面到网络空间：虚拟实在的形而上学[M]．金吾伦，刘钢译．上海：上海科技教育出版社，2000：81．

② 戴维·申克．信息烟尘：在信息爆炸中求生存[M]．黄锫坚，朱付元，何芷江译．南昌：江西教育出版社，2001：67．

③ 朱珊．作为人类一种存在方式的虚拟：对虚拟的哲学思考[J]．哲学研究，2019，(12)：82-85．

第五章

虚拟需要的特征

虚拟需要既然是区别于以往的不同的需要形式，与之前我们研究的需要相比必然具备许多不同的特征。同时虚拟需要作为信息社会出现的新的需要形式，其需要之“新”究竟体现在哪些方面？这都是我们研究虚拟需要论亟待解决的问题。本章分别从不同的角度来论述虚拟需要的符号化、浸没性、交互性、异化四个特征，从虚拟需要的特征出发有助于我们进一步理解虚拟需要的本质。

第一节　虚拟需要的符号化特征

符号化需要是虚拟需要最本质的特征。卡西尔在讨论人的问题时，把人定义为“符号的动物”，也就是说能利用符号去创造文化的动物。在他看来，人能发明、运用各种符号，所以能创造出他自己需要的“理想世界”。虚拟需要的出现就是人们善于利用各种符号的结果，各种虚拟现实就是人们利用电子符号实现的，所以与各种虚拟现实、计算机有关的虚拟需要必然自出现之日起就带有符号化的特征。鲍德里亚在分析消费现象时曾说：物远不仅是一种实用的东西，它具有一种符号的社会价值，这种符号的交换价值才是更为根本的——使用价值常常只不过是一种对物的操持的保证（或者甚至是纯粹的和简单的合理化）。[①] 在鲍德

① 让・鲍德里亚．符号政治经济学批判 [M]．夏莹译．南京：南京大学出版社，2015：2.

里亚这里有闲阶级的消费成为“炫耀性消费”，在他看来，这种为了证明名誉和地位的奢侈性消费中，物品已经摆脱了它的实用性，进入了一种新的拟像的功能之中，这种拟像的功能就是我们所研究的符号化。在符号化需要中，人们追求的不是物品真正的实用性，而是其中所蕴含的能满足人们需要的符号，符号的需要代替了现实事物的需要，需要从物的实在性走向一种非实在的抽象意指存在即符号。

探究虚拟需要的符号化特征，必须从生产力的角度探寻其出现的深层次原因。当前社会物质生活资料的极大丰富使人们把注意力集中到消费领域，企图以消费刺激生产力的发展。有一则这样的故事形象地比喻了这个现象：从前，有个人生活在什么都缺的条件下。在经历若干冒险和一次漫长的“经济学”行旅之后，他碰到了物质丰富的社会。他们结合在一起，许多需求因而产生了。[①] 在消费社会里，这个特征表现得尤为明显。人们在各种新媒体的刺激下，已经看不到自己的真正需要，新的商品被源源不断地呈现到消费者面前。在消费者看来，这种对新商品的需要就是我真正的需要，对自己需要被操纵的状况毫不知情，或者心甘情愿地被驱使。人们的需要已经被商品背后隐藏的符号所操纵，甘心成为商品的奴隶。对这种消费行为分析的结果就是人们追求的不是真实的商品，而是商品身上所隐藏的虚拟的附属物即符号。需求瞄准的不是物，而是价值，需求的满足首先具有附着这些价值的意义。[②] 所以有人说，当代资本主义的基本问题不再是获得最大利润与生产的理性化之间的矛盾，而是潜在的无限生产力与销售产品的必要性之间的矛盾。这种潜在生产力的产生，最根本的动力就是虚拟需要，虚拟需要以其超越个体自身局限性的特征成为新的经济增长的根本动力。

---

① 让・鲍德里亚．消费社会 [M]．刘成富，全志钢译．南京：南京大学出版社，2014：49．

② 让・鲍德里亚．消费社会 [M]．刘成富，全志钢译．南京：南京大学出版社，2014：51．

一、虚拟需要的符号化源自人自身的符号化逻辑

虚拟需要的符号化最深刻的根源就是人自身的符号化特性。人从诞生之日起就被包围在语言的形式、艺术的想象、神话的符号以及宗教的仪式之中，以致除非凭借这些人为媒介的干预，否则，它就不可能看见或认识任何东西。[①]人们生活的环境就是一个符号的世界，离开各种符号的生活是无法想象的，因此符号特性也是人与生俱来的。人也并不生活在一个铁板事实的世界之中，并不是根据他的直接需要和意愿而生活，而是生活在想象的激情之中，生活在希望与恐惧、幻觉与醒悟、空想与梦境之中。[②]正如古罗马著名的哲学家爱比克泰德所说：使人扰乱和惊骇的，不是物，而是人对物的意见和幻想。[③]

卡西尔从这个意义上把对人的定义从“人是理性的动物”推进到“人是符号的动物”，用符号来定义人凸显了人的独特性，符号化的思维和符号化的行为是人类生活中最具代表性的特征。人们符号化的逻辑思维导致了在对待事物时的抽象性思考，在满足了基本的生活需要时，人们对消费物品的需求更多。在这个过程中人们看中的不是它本身所具有的使用价值，而是物身上具有的符号价值。鲍德里亚对原始社会消费情况进行分析，认为最初人们对物的消费不是为了满足个人的经济需要，而是发挥散播声望和彰显等级的社会功能。[④]这种最原始的消费状况就可以表明人们对于符号化消费的追求。这种对于符号的追求，也是由于文化的限制。在对消费进行社会学分析时，基础性的概念假设并不是与需求有关的使用价值，而是象征性交换的价值、社会回馈的价值、竞争的价值以及积极区分等符号性的价值。

---

① 恩斯特·卡西尔. 人论 [M]. 甘阳译. 上海：上海译文出版社，2013：43.

② 恩斯特·卡西尔. 人论 [M]. 甘阳译. 上海：上海译文出版社，2013：44.

③ 恩斯特·卡西尔. 人论 [M]. 甘阳译. 上海：上海译文出版社，2013：44.

④ 让·鲍德里亚. 消费社会 [M]. 刘成富，全志钢译. 南京：南京大学出版社，2014：3.

卡西尔在论述人的符号性特征时曾引用了一句歌德的名言：生活在理想的世界，也就是要把不可能的东西当作仿佛是可能的东西那样来处理。[①] 在他看来，人之所以总是生活在“理想”的世界，总是向着“可能性”迈进，究其原因就是人能发明、运用各种符号，创造出他自己需要的“理想世界”。在卡西尔看来，人并没有什么与生俱来的抽象本质，也没有永恒的人性，人的本质总是在不断变化中，总是在创造符号、运用符号的过程中不断变化的，真正的人性就是人们无限的想象力和创造性，就是人们对于自己向往的“理想世界”的不断追求，就像人们对于虚拟需要的追逐一样，都是源于对自我生存发展条件的改善，所以从这个意义上讲，人的虚拟需要的符号性就源于人自身的符号化逻辑。

二、虚拟需要的符号化与符号化的消费

符号化的消费是虚拟需要符号化最直接的体现。符号化的消费顾名思义就是对符号的消费。在人们最初的印象中，消费所指向的对象物总是真实的物，人们总是将真实的物作为获得满足的源泉。但是当把物的使用价值和交换价值剥离它自身之后，人们才惊讶地发现，物变成了一种符号。符号–物既不是给定的，也不是交换得来的：它是被个体主体作为一种符号，也就是说，是作为一种符码化的差异来占有、保留与操控的。[②] 这种符号化的消费总是存在于一定的社会关系之中，在对物的消费中，存在着一种不透明性，造成这种不透明性的根本原因就在于符号。整个符码的限制操控着社会的价值：一些特殊分量的符号调节着交换的社会逻辑。[③]

① 让·鲍德里亚．符号政治经济学批判 [M]．夏莹译．南京：南京大学出版社，2015：103.
② 让·鲍德里亚．符号政治经济学批判 [M]．夏莹译．南京：南京大学出版社，2015：61.
③ 让·鲍德里亚．符号政治经济学批判 [M]．夏莹译．南京：南京大学出版社，2015：62.

符号化的消费体现了一种对于消费隐私的操控性，出现这个现象的最根本原因就是人们的虚拟需要。对物的虚拟特征的需要导致人们在传媒广告、时尚杂志、影视作品的引导下进行盲目的消费活动，加上大众传媒的推波助澜，人们渐渐抛弃了“自主消费活动”。物与需要之间的天然联系被割裂，通过暗示、入侵、相互作用、同化或者渗透等方式，它被再次置入一种社会历史或者文化之中，并被视为一种真实存在的第二自然。[①] 需要被操控成为一种必需，需要与劳动由此成为生产力发挥作用的两种模式，欲壑难填的消费者由此成为生产力发挥作用的两种模式。[②] 符号化的消费是虚拟需要符号化的最直接的体现，在“人为的”需要的刺激下，人们把符号消费作为自己消费的原动力，这一切的背后都是虚拟需要的操纵。人们欲望的无止境直接导致了人的虚拟需要的无限性，虚拟需要和符号消费之间陷入了恶性的循环。消费者在现代社会代表着什么？什么都不代表。他能成为什么？一切，或者几乎一切。因为他孤独地处在上百万孤独者身边，他受到一切利益的摆布。[③]

三、虚拟需要的符号化与大众传媒

在虚拟需要的符号化过程中，大众传媒扮演着重要的角色。进入信息社会，互联网的介入使大众传媒的功效发挥得淋漓尽致。人们获取媒介信息的便捷使每一个人都受到大众传媒的左右。通过大众传媒我们已经看到，各类新闻中的伪善煽情都用种种灾难符号作为反衬来颂扬日常生活的宁静。[④] 这种符号的煽情随处可见，为了吸引人们的关注和增加点击率，媒体人不惜假造新闻来迎合人们的需求，虚拟需要的符号化在

① 让·鲍德里亚．符号政治经济学批判 [M]．夏莹译．南京：南京大学出版社，2015：75．
② 让·鲍德里亚．符号政治经济学批判 [M]．夏莹译．南京：南京大学出版社，2015：91．
③ 让·鲍德里亚．消费社会 [M]．刘成富，全志钢译．南京：南京大学出版社，2014：68．
④ 让·鲍德里亚．消费社会 [M]．刘成富，全志钢译．南京：南京大学出版社，2014：86．

大众传媒的推波助澜下愈演愈烈。

鲍德里亚用“媚俗物”来形容那些经过粉饰、伪造的物品。与其说这些“媚俗物”的出现是由于人们在大众传媒的轰炸之下判断力的缺失，还不如说这些“媚俗物”的出现是由于虚拟需要的符号化。“媚俗”这种大众文化的兴起源自社会的流动性，一个信息不流通的社会很难形成这种“媚俗”的大众文化。大众媒介的普遍性、信息流动的便捷性大大加速了大众文化的传播，而对“媚俗物”的需求也在社会中得到迅速地传播，大众文化中那些所谓的流行风潮也是人们媚俗的产物。消费的逻辑被定义为符号的操纵，物品本身的象征意义消失殆尽，它被赋予了社会关系的含义。

在分析大众媒介的作用时，不得不提到麦克卢汉的“媒介即信息”的观点。在大众媒介进行信息传播时，大部分的信息都被进行了重新编辑和剪辑，他们把信息当做商品一样进行加工，以达到对特定“符号”进行颂扬的目的。大众传媒的真相就是：它们的功能是对世界特殊、唯一、只叙述事件的特性进行中性化，代之以一个配备了多种相互同质、互为意义并互相参照的传媒的宇宙。在此范围内，他们互相成为内容——而这便是消费社会的总体“信息”。[①] 符号化的信息借由大众传媒被灌输到人们的头脑之中，正好迎合了人们的虚拟需要，正是因为如此，信息的符号化被传递到虚拟需要之中，成为虚拟需要最本质的特征。

第二节　虚拟需要的浸没性特征

浸没性原属计算机领域的术语，指人们在虚拟实在中的感官沉浸，

① 让·鲍德里亚．消费社会 [M]．刘成富，全志钢译．南京：南京大学出版社，2014：114．

一般用浸没性来概括虚拟实在的本质。我们这里所说的虚拟需要的浸没性是指虚拟需要对人们潜移默化的影响。虚拟需要对人们的影响并不像现实需要一样，赤裸裸地指向某种实存的事物，而是一种精神性的刺激。虚拟需要对人们的这种影响也不是直接的物质刺激，甚至人们自身都意识不到这种精神性刺激的存在。法国当代思想家德波曾宣称如今的时代已经是一个“视觉表象化篡位为社会本体基础的颠倒世界”，也就是景观社会，在现代生产条件无所不在的社会，生活本身展现为景观的庞大堆聚，直接存在的一切转化为一个表象。[①] 虚拟世界在某种程度上也像景观社会一样，在人们的意识中成为现实世界的颠倒。人们模糊了现实世界与虚拟世界的界限，人们在虚拟世界中的意识被不经意地带回到现实世界之中。虚拟需要也在这时趁机而入，潜移默化人们的主观意识。

一、人浸没于虚拟世界

计算机技术的发展把人类带入了信息时代，有人把我们所处的时代定义为信息爆炸的时代，人们通过各种媒介及时、便捷地接收世界各地的信息。互联网技术促进了新型社区、虚拟社群的发展，也把虚拟实在技术带到了人们面前。“虚拟实在”一词概括了人们目前在虚拟社会中的主要活动方式。“虚拟实在”本身就包含着一对奇怪的修辞矛盾，“含有‘非现实的’意思的‘虚拟’与具有‘现实的’含义的‘实在’不和谐地并置在一道”[②]。“虚拟现实”被用于描述大量且不断增长的由计算机生成或以其作为媒介的环境、体验和活动。虚拟实在技术被应用在社会生活的方方面面，人们时时感受到虚拟实在技术给生活带来的便利。由此也引发了另外一场关于虚拟与实在之间的争论，虚拟实在究竟是为我

① 居伊·德波．景观社会 [M]．王昭凤译．南京：南京大学出版社，2006：3．

② 卢西亚诺·弗洛里迪．计算与信息哲学导论 [M]. 刘钢译．北京：商务印书馆，2010：364.

们提供扩大、增加和体验实在的新方式，还是对实在的削弱和威胁？有人认为虚拟实在具有光明的空想前景，也有人认为虚拟实在的未来是黑暗的可怕梦魇的载体。

虚拟现实技术的出现使人浸没于虚拟世界具有了现实可能性。虚拟现实技术，又称灵境技术，是20世纪发展起来的一项全新的实用技术。虚拟现实技术囊括计算机、电子信息、仿真技术于一体，其基本实现方式是计算机模拟虚拟环境从而给人以环境沉浸感。随着社会生产力和科学技术的不断发展，各行各业对虚拟现实技术的需求日益旺盛。虚拟现实技术也取得了巨大进步，并逐步成为一个新的科学技术领域。

所谓虚拟现实，顾名思义，就是虚拟和现实相互结合。从理论上来讲，虚拟现实技术是一种可以创建和体验虚拟世界的计算机仿真系统，它利用计算机生成一种模拟环境，使用户沉浸到该环境中。虚拟现实技术就是利用现实生活中的数据，通过计算机技术产生的电子信号，将其与各种输出设备结合使其转化为能够让人们感受到的现象，这些现象可以是现实中真真切切的物体，也可以是我们肉眼所看不到的物质，通过三维模型表现出来。因为这些现象不是我们直接所能看到的，而是通过计算机技术模拟出来的现实中的世界，故称为虚拟现实。

虚拟现实技术受到了越来越多人的认可，首先，用户可以在虚拟现实世界体验到最真实的感受，其模拟环境的真实性与现实世界难辨真假，让人有种身临其境的感觉；其次，虚拟现实具有一切人类所拥有的感知功能，比如听觉、视觉、触觉、味觉、嗅觉等感知系统；最后，它具有超强的仿真系统，真正实现了人机交互，使人在操作过程中，可以随意操作并且得到环境最真实的反馈。正是虚拟现实技术的存在性、多感知性、交互性等特征使它受到了许多人的喜爱。

在虚拟现实中，我们能将自己浸没在感官模拟中，可以在现实世界和虚拟世界之间自由转换。那么人们对于实在的感觉必然会发生改变，如何寻找虚拟和实在之间的平衡成为理论界关注的焦点。迈克尔·海姆说：不论我们看小说，还是看电影，或是欣赏绘画作品，我们所乐的在于被劫持到另一平面的存在之中，我们将自己沉浸在符号环境中的能力已经发达到如此地步，以至于我们几乎注意不到我们消失不见了。[①]虚拟世界的魅力由此可见一斑，人们浸没在虚拟世界中甚至忘记了自身的存在。虚拟世界的魅力也体现在它可以激发人们的想象力，唤起我们的想象，而想象的目的是创造。想象常常能为我们的生活增加很多新的因素，这些新的因素有时能改变我们的实际状况。随着虚拟实在技术的发展，虚拟世界越来越逼真于我们的现实世界，导致人们浸没在虚拟世界中无法自拔，虚拟世界中的某些东西也在不经意间改变着人们的思维。

二、虚拟世界与现实世界的共存

“虚拟实在”是20世纪80年代以来与计算机网络技术的发展密切联系在一起的一个新术语。从语义上看，“虚拟”(virtual)是指“虽然没有实际的事实、形式或名义，但是，在事实上或效果上存在”；“实在”(reality)是指“真实的事件、实体或事态，或者说，是指客观存在的事物”。这两个词合起来即virtual reality，这一术语在计算机和电子技术领域内被翻译为“虚拟现实”，而在哲学领域内被翻译为“虚拟实在”，它是指“在功效方面是真实的，但是，事实上却并非如此的事件或实体”。在技术实践的意义上，“虚拟实在”是合成“实在”的一种手段，其根本前提是为人与计算机的共同工作创造更直接的交互方式，使参与者在虚拟世界中可以做类似于真实世界中可能实现与不可能实现的事情。科学家通常在某种具体的技术层面上理解这一术语，而对其更基本的内涵与本质的理解则是哲学家关注的事情。

① 迈克尔·海姆. 从界面到网络空间：虚拟实在的形而上学[M]. 金吾伦，刘钢译. 上海：上海科技教育出版社，2000：134.

众所周知，虚拟世界作为现实世界的模拟和升华，表现出了与现实世界相对立的状态，但在另一方面，虚拟世界也是人类不断追求自我超越的必然结果，体现了与现实世界相统一的一面。因此，在现实世界和虚拟世界的关系上，不能片面夸大虚拟世界的意义，用虚拟世界代替现实世界，也不能不顾虚拟世界的特殊性，简单地把它与现实世界混为一谈，而应该看到虚拟世界与现实世界已经是一种共存的状态，在虚拟世界的生存已经成为人们一种必不可少的生存方式。

虚拟世界对现实世界既产生了积极的影响，也给现实世界带来了许多新的冲击和挑战。首先表现为人们对虚拟世界的过分依赖，甚至有人断言没有互联网，人类就无法存在。虽然这个说法过分偏激，但是也能反映出当下人们对虚拟世界的依赖程度。有人曾做过这样一项调查：在切掉你的一根手指和今后再也不能使用互联网之间，大约有三分之二的人选择了前者。其次是虚拟世界可以实现人们在现实世界中不能完成的理想。如在互联网世界中，自由、平等都可以是一种虚拟的现实，人们在虚拟世界中如同生活在理想世界。但是虚拟世界同样不是一种完全自由的“理想国”，人们虽然可以在其中获得大量的信息，可以自由选择理想的生存方式，但是互联网仍然是一种人造的模式，人们也只能按照技术规定好的方式去选择、去生存，导致回到现实社会中的人们不能承受与虚拟世界强烈的反差，最终出现人们精神上的震荡。过分沉迷虚拟世界会导致人与人之间直接亲密交流和沟通的机会减少，造成现实社会中的人际关系的疏远，最终会导致人们对社会交往的恐惧心理。另外人们在虚拟世界中虽然交流的范围扩大了，但是人们始终是处在虚拟环境之中，人与人之间的交流只是一种片面的交流，难以达到真正沟通的效果。

人在虚拟世界的浸没，以及虚拟世界与现实世界的共存使人的虚拟需要在潜移默化中进入人们的头脑之中，最终使人难以分清哪些是自己真正的需要，把外界强加或者灌输的虚拟需要当作自己真正的需要而不加区分，最终会使人受制于虚拟需要。

三、虚拟需要的浸没

现实世界和虚拟世界并存的状况导致了人浸没于虚拟世界，而人在虚拟世界的过分沉溺最终会导致虚拟需要的浸没。虚拟需要的浸没性特征在广告媒体中表现得更加明显。新的需要借助广告的形式在媒介中反复出现，借助语言结构的形式把意义输送给所有的虚拟生存个体，人们在一遍又一遍的广告收看中变得麻木，不加思考地接受了这一意义的传送。这种“媒体—广告—个人”的结构最终实现了虚拟需要的传输。因此当人们在现实世界中进行消费选择的时候会不假思索地按照虚拟需要的指导，从而完成虚拟需要的实现。当然这只是虚拟需要的消极作用，虚拟需要的积极作用也因为它的浸没性特征表现得淋漓尽致。

信息方式下的媒体领域，通过对消费者主体进行语言构建，扩展了非自由的范围，并通过对中心主体的所有形式进行语言构建，为话语打开了一条通向自由的新层面的道路。[①] 虚拟世界中的各种信息就像波斯特分析的那样，人们一方面接受了信息的内容，另一方面又必须把其背后所指代的意义进行附加，这样人们在虚拟需要的接受过程中不是单纯的被动的状态。虚拟世界与现实世界的共存状态造成了人们的一种虚幻的存在方式，每个个体都成为被构建的主体。

信息的商品化也是虚拟需要产生浸没性的一个重要原因。虚拟世界中信息商品化也创造了它自己的扩大再生产系统：生产者拥有关于消费者的数据库，而这些数据库本身便是商品，可以转售给其他生产者。[②]

① 马克·波斯特. 信息方式：后结构主义与社会语境 [M]. 范静哗译. 北京：商务印书馆，2014：97.

② 马克·波斯特. 信息方式：后结构主义与社会语境 [M]. 范静哗译. 北京：商务印书馆，2014：108.

信息的商品化使信息的流动性大幅增加，虚拟需要在信息的广泛流动中更容易在人们之间形成共鸣，虚拟需要就更容易被人们所接受。此外虚拟世界信息的透明化使人们对他人的生活方式有了更深入的了解，容易使人们产生攀比和炫耀的心理。虚拟需要总的来说还是一种精神性的需要，心理因素在其中的作用不言而喻。用鲍德里亚的话说，我们现在正处于一种“审美”的幻象之中，这种幻象的出现与人们的心理因素不无关系。

第三节　虚拟需要的交互性特征

交互性（interactive）是一个比较广泛的概念，在不同的领域有不同的含义。其主要运用于计算机及多媒体领域，例如人机交互等，人机交互体现了人适应计算机到计算机不断地适应人的发展史。用交互性来概括虚拟需要的特征，体现了虚拟需要与人之间相辅相成的关系。因为虚拟需要作为虚拟世界的产物必然带有交互性的特征，它的实现需要借助人的主动性，而离开了虚拟世界这个载体，人的虚拟需要也不会产生，因此说虚拟需要具有交互性的特征。

一、虚拟世界的交互性特征

虚拟世界的存在本身就是能与人们之间进行交互作用的电子存在物。当我们清理我们的计算机桌面时，计算机桌面上就会出现一个垃圾箱的图标。我们可以把不用的文件放入这个虚拟的垃圾箱中。电脑桌面上的垃圾箱其实只是一个代表删除程序的图标，而我们却把它当作真正的垃圾箱来使用，而我们放入垃圾箱的文件也不是真正意义上的文件，而是虚拟的文件。桌面上的垃圾箱和文件之所以能被我们当作真正的垃圾箱和文件来使用，而不像电子照片那样只能用来欣赏，是因为它们可以跟人进行交互作用。而虚拟垃圾箱的存在也不是人们的幻觉，当人们真正进入虚拟世界进行工作时，虚拟的垃圾箱才会作为垃圾箱被人们使用。当然这种人机交互的作用在很多情况下都会出现，例如当人们以在线的方式进入到虚拟的教室中上课、在虚拟的聊天室与人们进行交谈、在网络中结识到虚拟的个人，都是通过人机交互作用的方式来实现的。

心理学的研究曾经表明，“交流对象在互动中的突显性以及随后人际关系的突显性”是交流媒介的一种客观性质。他们把这种性质称为社会临场感……传输有关面部表情、观察方向、姿势、服饰和非语言线索信息的能力，都有助于提高交流媒介的社会临场感。[①] 而所谓的社会临场感，顾名思义就是一种身临其境的感觉。为什么人们在虚拟世界容易产生与现实世界类似的情感，主要是因为计算机这个媒介的作用。与以往的交流媒介不同，计算机可以通过传输面部表情、服饰等更具体的信息，使人们产生社会临场感。交流媒介的社会临场感对交流的紧密感具有潜在的意义，在所有其他方面相同的条件下，交流媒介的社会临场感越高，交流者之间的关系就会越亲密。[②] 传统的纸质、电视、广播等媒体只是完成传播信息的任务，受众只是单向、被动地接受信息，无法进行双向性的交流沟通，缺乏交互性，而借助电脑这种交互式媒体，受众不仅可以看得到、听得到，还可以触摸得到、感觉得到、闻得到而且还可以与之相互作用，它带给人们全新的体验，是一种崭新的媒介形式。社会临场感这种作用的发生取决于人机交互的作用，人机交互作用也是虚拟需要因此产生的重要因素。个人电脑是一种互动式的信息机器，它容许使用者与内容以及其他使用者互动。[③] 个人不仅可以和其他虚拟世

① 亚当·乔伊森. 网络行为心理学：虚拟世界与真实生活 [M]. 任衍具，魏玲译. 北京：商务印书馆，2014：30.

② 亚当·乔伊森. 网络行为心理学：虚拟世界与真实生活 [M]. 任衍具，魏玲译. 北京：商务印书馆，2014：30.

③ 斯各特·拉什. 信息批判 [M]. 杨德睿译. 北京：北京大学出版社，2009：113.

界的个体互动，还可以与虚拟世界中的信息进行互动。

二、人与信息的交互

当我们用信息来定义这个时代的特征时，我们想阐述的是这样一个事实：信息已成为我们生活中最不可缺少的部分。人与信息通过计算机这个平台进行沟通，实现交互式的影响。近年来，新信息技术以闪电般的速度席卷全球，展现了这场技术革命的特性：以信息技术革命所产生的技术立即运用在技术本身的发展上，通过信息技术连接整个世界。信息技术的飞速发展使每个人的生活都被信息包围。信息全方位地侵袭人们的生活，用自己的方式改变着人们的生活，同时人们也以自己的方式对信息进行着选择性的吸收。然而，任何一种形式的技术实在，不管是以实物形态存在的一般的人工产品，还是以虚拟感知体验形态呈现的虚拟世界，本质上都是工具理性与价值理性的产物，离开了这个重要前提，技术实在则会成为无源之水、无本之木。技术实在的本体性在于其工具性，而不在于其存在性。因此，作为对象存在的虚拟实在与微观领域内的自然实在完全不同。虚拟实在的对象性关系在于各种形式的交互作用；而微观自然实在的对象性关系则在于其存在的本体性。在虚拟世界中，感知主体通过交互作用，能够在经验层面上体验与感知虚拟实在。因此，尽管虚拟实在没有物质性，是以虚拟的形式存在着，但是，却具有可视性和可感性，或者说，具有可体味性。

交互性的网络信息处理和传播过程在信息发布者和信息接收者之间建立起了某种即时互逆性的反馈式联系和沟通的有效渠道，这就使信息活动不再是简单地由信息发出者一方主宰的行为。[1] 在交互性信息网络中，信息的发出者与信息的接收者随时可以建立起一种沟通的渠道，信

① 邬焜．信息哲学：理论、体系、方法 [M]．北京：商务印书馆，2005：383.

息的接收者可以针对信息进行质疑、提问、挑战和反对。而信息发布者与信息接收者的角色可以随时互换，在他把信息传递给网络时，他的角色已经发生了转移。同理，信息的接收者也可以通过与信息发出者的互动实现角色互换，人与信息的交互就是在这样一种状态下发生的。无论你是具有怎样等级或权威的机构或个人，都不能简单地用你的意志和所炮制好的信息模式来唯一决定或左右网上的其他机构或个人，无论你是怎样一个微不足道的机构或无名小辈，如果你愿意，都可以将你创制的体现你的意志的信息模式在网上获得同样广泛的传播，并以此同样广泛地去影响其他机构和个人。①个人与信息的交互减少了信息的霸权式传播，也给个体提供了发表自己看法的平台，各种思想在网络上实现了交汇。由于个体的从众心理，人们极易受到大众思想的影响，因此，给虚拟需要的传播提供了更广阔的空间。用户终端的普遍联网导致信息在网络中扩散的自由程度、随机性极大，一个机构或个人想要有效地对网络中扩散的信息加以较为严格的控制都是不容易做到的……与网络信息扩散的自由度和随机性极大的情景相统一的便是网络中扩散的信息在量上的极度膨胀和在质上的多元化模式。②信息的极度膨胀和多元化会影响个体对信息的判断力，最终导致从众心理的滋长和虚拟需要在个体间的蔓延。

三、虚拟需要与现实需要的交互

虚拟生存不同于现实生存的最突出特征就是人生活在虚拟空间中。在这个空间里，无论是人类生存活动的对象还是结果，都不再是现实的实物形态，而且这个作为对象和结果存在的虚拟空间，虽然也能够为人类提供一种感性的经验，但却无法形成对客观世界的任何改变。③然而

① 邬焜．信息哲学：理论、体系、方法 [M]．北京：商务印书馆，2005：383．

② 邬焜．信息哲学：理论、体系、方法 [M]．北京：商务印书馆，2005：384．

③ 贾英健．虚拟生存论 [M]．北京：人民出版社，2011：103．

我们并不能为此就否认虚拟活动的现实意义，因为即使虚拟活动不能直接带来现实世界的改变，但是不可否认的是虚拟活动对人的存在方式产生的深刻影响。虚拟生存开创了一种超越现实的人们的新的虚拟领域，人们在网络中形成了新的网络交往的形式。马克思把以实践为基础的人类生存活动理解为感性的活动，并把它作为感性世界的基础，“这种活动、这种连续不断的感性劳动和创造、这种生产，正是整个现存的感性世界的基础”[①]。而在虚拟世界中，人们这种感性的生活方式发生了变化，出现了人–机交往的新的感性生活方式。人–机交往方式最大的变化就是主客交互性，无论是主体作用于客体，还是客体作用于主体，最后的信息都汇聚于网络，形成人们对对象世界的虚拟性体验。人在虚拟世界形成的虚拟性体验势必会影响人在现实世界形成的感性经验，两种生存方式，即现实生存和虚拟生存所形成的感性经验会互相影响，最终作用于人的实践活动。虚拟需要就是一种人们在虚拟世界中获得的感性经验，这种感性经验的形成是由于人与信息、信息主体之间发生的信息交互，信息交互实际上也是一种主客体交互作用的结果，虚拟需要在人与信息交互影响的作用下出现并进入人们的头脑，成为人的需要体系的一个组成部分，最终成为人们实践活动的动力。

因此，无论技术营造的虚拟世界，在经验层面上，多么类似于现实的物理世界，两者都不可能有本体论的对等性。从本质上看，技术营造的虚拟世界，总是无法摆脱这个世界之外的实验者对被实验者的操纵和设计，对于一个完全生活在虚拟世界中的感知者而言，会觉得自己的世界总会受到实验者这个“上帝”的支配。事实上，从现实世界的角度来看，虚拟世界中的对象性存在不是来自对感官的刺激，而只是感知的一致性。而感知的一致性与对象上的一致性是有区别的。对于一个具有现实世界经验的人来说，当他走进虚拟世界时，他的理性与感性始终是相

① 中共中央马克思恩格斯列宁斯大林著作编译局．马克思恩格斯选集：第 1 卷 [M]．北京：人民出版社，2012：157.

分离的。在这里，经验世界并不等同于理性世界，经验世界的本体性是建立在理性世界的基础之上的。

虚拟技术的出现正是人类立足于现实的物质技术基础之上的人类新的需要、新的实践的产物。虚拟技术一方面为人的生存方式的改变提供了技术支持，也在客观上满足了人的需要，实现了人类对现实的客观世界和主体自身的种种限制的超越。人们新的生存方式势必会产生新的需要——虚拟需要，虚拟需要的出现又反过来影响人们的现实需要，为人们改变自身所处的客观物质世界提供直接动力。虚拟需要与现实需要的交互性发展推动人的需要体系的完善，而人的需要体系的完善正是人的全面自由发展的前提。因此，对虚拟需要自身、虚拟需要与现实需要交互性的研究都有助于推动人的全面自由发展。

第四节 虚拟需要的异化特征

“异化”一词出自拉丁文 alienatio，含有转让、疏远、脱离等意思。异化是一个哲学概念，不同时期的哲学家对它有不同的理解。17—18 世纪的哲学家卢梭、霍布斯用“异化”一词来解释国家权力的起源，异化在这里的含义是“个人把自己的权利让渡给政治机构”。黑格尔把异化概念上升到哲学的高度，用它来说明主体与客体之间的分裂和对立。费尔巴哈用异化概念来分析和批判宗教，认为人创造了宗教而宗教又反过来成为人的主宰。马克思在前人的基础上深化了异化的概念，他把关于异化问题的理论讨论上升到了实践的高度，用异化劳动来论证资本主义的灭亡和共产主义的必然实现。马克思认为，异化作为社会现象，与阶级一起产生，是人的物质生产与精神生产及其产品变成异己力量又反过来统治人的另一种社会现象，私有制是异化的主要根源，社会分工固定化是异化的最终根源。[①] 马克思的异化理论受到广泛的关注，西方学者把异化思想从经济政治领域扩展到道德、心理、文艺等领域，都取得了丰硕的成果。用马克思的异化理论来分析虚拟需要，可以发现虚拟需要中包含着众多的异化特征。

一、虚拟需要与人相异化

在信息社会，人们虚拟需要的产生在很大程度上是由于大众媒介的灌输，并不是人们从内而外的真正的需要。商品交换中的需求其实为意识形态制造的幻象，在这种幻象之中，消费主体是不存在的，消费需求是不存在的，消费对象物也是不存在的，一切，只是一种符号象征差异系统生成的幻象。[②] 在虚拟需要的相互关系中，需要的主体即人也是不存在的，需要也是不存在的，包括需要的对象物也不存在，一切只是互联网制造的一场幻象而已。人与虚拟需要之间脱离了从属的关系，人丧失自己的能动性，变为需要的奴隶。人在追求虚拟需要满足的过程中收获的不是身心的愉悦，而是精神的备受摧残。虚拟需要成为外在于人的东西，人与需要之间的背离造成了虚拟需要与人相异化。

人与需要的异化并不是信息社会的特殊产物，但是在信息社会却愈演愈烈。信息社会虚拟技术的广泛应用为人们构建了一个仿真的“理想社会”，各种需要在“理想社会”里都可以得到最大限度的满足，人们在现实社会的需要不满足状况在“理想社会”中都可以得到完美的解决。人们对虚拟“理想社会”的过度沉溺直接导致了人们在现实社会的不满，虚拟技术成就的“理想社会”成为人们虚拟需要产生的温床。最早研究虚拟实在技术的莱茵戈尔德曾说：理解虚拟实在的一种方式是把它看作通向其他世界的魔幻窗口……另一种方式是认识到在行将结束

---

① 金炳华等．哲学大辞典 [M]．上海：上海辞书出版社，2001：1810．

② 让·鲍德里亚．符号政治经济学批判 [M]．夏莹译．南京：南京大学出版社，2015：8．

的20世纪末，实在正从视屏的背后消失。[①]实在与幻象相颠倒，虚拟需要与人相异化。可是，倘若假定镜子的反射依然存在而镜子本身并不可见，我们将不会怀疑所显现的一切之真实可靠。[②]虚拟技术的存在是显而易见的，人们还必须回到现实世界中。当代社会现实可以被理解为不断运用虚拟实在所建造的模拟秩序的牺牲品，追寻自我的同一性成为人们关注的焦点，如何克服虚拟需要与人相异化的现象也值得我们进行深入研究。

二、虚拟需要与对象物相异化

虚拟需要的对象物是虚拟需要的对象化，但是在信息社会中，虚拟需要的对象物却总是表现为虚拟需要的异化，即虚拟需要的对象物作为一种异己的存在物，作为一种不属于人的这一种存在物，与虚拟需要相对立。虚拟需要与对象物相异化造成的结果是，人们产生的虚拟需要越多，个人的发展越受到局限。虚拟需要成为阻碍人全面自由发展的障碍。

也有一种观点认为，需要在超越了人的生存需要之后，就会出现被异化、被操控和神秘化，成为社会性的需要。一方面，由于人处于各种社会关系之中，必然会受到社会关系的影响和制约；另一方面，人又具有自主、非异化的本质。由此人们试图摆脱社会关系的束缚，实现需要的本质还原。需要在信息社会的意义被重新定义，它不再是一种内在的、直觉的力量，一种人类的本质和自然的欲望，而变成了信息社会自身的功能运行的决定因素，成为社会再生产的必备动力，需要的强迫和消费的强迫成为必需。但是为了使这种强迫具有合理化的外衣，大众媒介在此发挥了重要的作用，它一方面对人们进行信息灌输，为虚拟需要

① 卢西亚诺·弗洛里迪．计算与信息哲学导论[M]．刘钢译．北京：商务印书馆，2010：366．

② 卢西亚诺·弗洛里迪．计算与信息哲学导论[M]．刘钢译．北京：商务印书馆，2010：371．

披上“选择”和“自由”的伪装；另一方面为把大量的消费品信息呈现到人们的面前，造就了欲壑难填的消费者。从需要的角度对生产过程进行解析是一种独特的视角，尤其是虚拟需要的加入使生产过程的每一个步骤都变得清晰起来。人并不是拥有着他所有的需要，先在地存在于那里，并在自然的驱使下来完满和诠释人之为人的特性。①

人们追求虚拟对象物的过程中“不是肯定自己，而是否定自己，不是感到幸福，而是感到不幸，不是自由地发挥自己的体力和智力，而是使自己的肉体受折磨、精神遭摧残”②。与马克思分析的人们在异化劳动中的经验相似，人们在满足虚拟需要所进行的活动中也感到不自在，这种活动不是自愿的活动，而是被迫的或者是从众的一种活动，是一种自我牺牲、自我受折磨的活动。虚拟需要不属于人，虚拟需要的对象物也不属于人，这种活动所表现出来的就是个人意志的丧失。

三、人与人关系的相异化

与上面两种异化现象类似，人与人之间关系的异化也不是信息社会独有的，但确是在信息社会得到了激化。信息社会人与人之间关系的相异化主要体现在信息掌控者与信息接受者之间关系的相异化。人类创造了技术，同时也为技术所创造。现在，我们正生活在由我们的技术构成的世界之中。各种各样信息技术的出现正在掀起一场信息的革命，信息革命的意义绝不仅仅限于技术的本身，而是波及整个人类的生存领域，从根本上改变了人类的存在方式。虚拟空间的生存就是信息技术的产物。尼葛洛庞帝在他的《数字化生存》中曾指出：“计算不再只是和计算机有关，它决定着我们的生存。”人类在生存方式方面的改变正在预

① 让·鲍德里亚．符号政治经济学批判 [M]．夏莹译．南京：南京大学出版社，2015：93．

② 中共中央马克思恩格斯列宁斯大林著作编译局．马克思恩格斯选集：第 1 卷 [M]．北京：人民出版社，2012：53．

示着一场变革，同时也预示着一场危机的到来。

信息技术的发展本意是为了改变人们的生活，为人们的生活带来各种便捷，但是也给人们带来了意想不到的变化。福柯在论述监狱的出现时曾这样描述，即“位于这座城市中心的，而且似乎是为了恰当地控制这个中心的，不是‘权力中心’，不是一种武力网络，而是一个由不同因素组成的复杂网络：高墙、空间、机构、规章、话语”①。信息技术的发展印证了福柯的论断，在各种信息技术包围之下的信息社会正在形成一所“全景监狱”，人们所有的信息痕迹都被数据库所掌握，人们在信息社会的任何行为都在受到监视。大众媒介的所有者正在成为人们的对立面而存在，他们一方面利用虚假的信息迷惑大众；一方面结合自身的信息优势使人们沉迷其中，实现对人们身心的监视和控制。如果说资本家利用消费来控制人们的需要的话，大众媒介的所有者正在用信息和符号实现对人们的控制。“工业社会里，有一种工资形式的监禁。这种形式构成了它在经济上的‘自我证明’，能够使监禁显得是一种补偿。”②同工业社会相比，信息社会就是用信息实现对人们的监禁，而信息又成为人们的一种补偿。大众媒介或者信息所有者就是利用人们对信息的依赖实现对人们的控制，最终造成了人与人之间关系的异化。

① 米歇尔·福柯．规训与惩罚[M]. 刘北成，杨远婴译．北京：生活·读书·新知三联书店，2012：353.

② 米歇尔·福柯．规训与惩罚[M]. 刘北成，杨远婴译．北京：生活·读书·新知三联书店，2012：26.

第六章

虚拟需要论的人学反思

在信息社会的大背景下，研究需要理论意味着对人的问题在当代的重新考量。信息化已成为当今社会不可逆转的趋势，对信息社会中人的生存、发展、价值及其实现、需要及其满足等一系列问题的探讨都为人学的研究增添了新的研究主题。对虚拟需要论的研究顺应了信息化的大趋势，它丰富和发展了马克思的人学理论，使马克思人学具备了鲜明的时代特征。虚拟需要论不仅推动马克思主义人学在当代的新发展，更深化了马克思主义人学关于人的本质、人的存在和发展、人的现代图景和未来等问题的认识。

第一节　虚拟需要与人的本质

马克思从现实性出发对人的本质进行总结，体现了马克思主义哲学关于人的本质研究的现实性前提。信息技术的发展为人的存在创造了一个全新的虚拟性的空间，也使人的虚拟性存在成为现实。这就为我们研究信息社会人的本质问题提供了一个全新的维度，从虚拟性的角度出发研究人的本质成为人学研究不能忽视的一个重要方面。对人的本质研究的虚拟性视角对于我们科学认识人的本质大有裨益，同时也会引发一系列新的问题。比如在信息社会中，人们的虚拟化生存是否会使人的本质发生变化；从虚拟性出发研究人的本质应该从哪个角度对人的本质进行定义，这些都是马克思主义人学在现时代必须思考的问题。虚拟需要论的研究对解决这个问题提供了一个思路，即从虚拟需要的角度出发研究人的本质。人的需要与人的本质之间具有密切的联系，人的需要的发展在一定程度上也是人的本质的发展，人的需要的变化同样也可以引起人的本质的改变。虚拟需要是人的需要的新的形式，借由虚拟需要的研究可以使我们深化对信息社会人的本质的准确理解。

一、虚拟需要论深化了关于人的本质的认识

对于人的本质问题的研究源远流长。中国古代有“天人合一”的思想，认为天与人应该相统一。而我国春秋战国时期关于人性善恶的问题也可谓影响深远，孟子主张性善说，荀子则主张性恶说，关于人性善恶的交锋一直持续了上千年。在西方，从古希腊开始人的问题也一直是西方思想家们关注的焦点，“人是第一重要的”“人是万物的尺度”等思想也是当时的人们对于人的本质问题的研究成果。文艺复兴时期也是人的思想研究的鼎盛时期，作为资产阶级意识形态的人道主义得到了广泛传播，许多思想家都针对人的问题提出了自己的主张，如伏尔泰、洛克、卢梭、康德、费尔巴哈等人都对人的本质问题进行了深入研究。

马克思对人的本质问题的认识不是一蹴而就的，而是经历了一个逐步成熟的发展阶段。通过《黑格尔法律哲学批判导言》、《1844 年经济学哲学手稿》、《关于费尔巴哈的提纲》和《德意志意识形态》等著作，马克思逐步形成了对人的本质的认识。在马克思对人的本质问题的研究思路中，存在着两个基础性的前提。一是马克思强调他所研究的人是“现实的人”，这样的人的本质是处在现实的物质生活关系和社会关系当中的，而不是某种固有的、抽象的、形式化的东西。这就意味着，我们不能够对人的本质做出一成不变的、僵化的理解，而应该将其置于具体的社会历史情境中去思考。二是马克思并没有对人的本质给出严格的限制和规定，没有一劳永逸地终结对人的本质问题的研究，而是将之视作一

个开放的、有待继续深入研究的问题。马克思在提纲中谈道：“人的本质不是单个人所固有的抽象物，在其现实性上，它是一切社会关系的总和。”[①] 通常笔者认为，马克思在这里并不是对人的本质进行定义，而是从现实性的角度出发为我们如何理解人的本质给出了一条思路，那就是说，顺着社会关系这条线索研究下去，我们就能够获得对人的本质的正确认识。在这里，有一个值得注意的关键点，马克思特别强调，按照社会关系这条思路理解人的本质的前提条件是“在现实性上”。是现实的生活在特定社会历史条件之下的人的关系，为我们理解人的本质提供了出路。对此，通常的理解是：离开了现实性，我们就偏离了正确理解人的本质的道路，就不可能理解人的本质。因此，从现实性上去理解人的本质，是我们理解人的本质的唯一正确出路，除此之外没有别的方法能够使我们理解人的本质。

笔者认为，以往对于人的本质的这种解读是有问题的。马克思强调的“在现实性上”，并不是为理解人的本质划定了唯一的范围和界限，而只是在一定的维度和层次上阐释了如何去理解人的问题。我们在本书的前面已经强调过，现实与虚拟是相对应的一对范畴，两者之间是一种对立统一的矛盾关系。就此而言，现实和虚拟同样重要，只强调现实，而对现实的对立面不予讨论，那么，我们对于现实的理解就是存在缺陷的。所以，笔者认为，马克思在这里对于“在现实性上”的强调，只是以专门强调的方式指出，对于人的本质的理解还有其他的维度和思路，从社会关系出发去理解人的本质，只是我们可以选择的多种思路之一。实际上，马克思也曾从社会性、劳动、意识、自由等多重维度讨论过人的本质问题。就本书的论述而言，笔者认为，至少我们还可以从现实的对立面即虚拟出发来理解人的本质。从虚拟或者虚拟性的角度出发去理

① 中共中央马克思恩格斯列宁斯大林著作编译局．马克思恩格斯文集：第 1 卷 [M]．北京：人民出版社，2009：505.

解人的本质，不是要抛开马克思对人的本质的理解思路去另起炉灶，而是从另外一个方面去深化对于人的本质的理解。因为，对现实的讨论离不开虚拟，虚拟是现实的另一面，从虚拟出发理解人的本质最终将使我们对“在现实性上”的人的本质的理解更加彻底。

无论从现实性出发还是从虚拟性出发去理解人的本质，都具有一个共同的前提，那就是把人的需要看作是人的本质。我们在第三章对马克思需要理论体系进行分析时已经认识到需要对于人的本质、发展以及社会的理解的重要性，正如赫勒所言，需要构成关于人的问题的核心。[①] 马克思主义理论视野中所述的人是现实的人，而且马克思也确实强调从现实的人出发来理解人的现实需要，但这并不意味着从现实的人出发去理解人的需要，就只能把这种需要理解成人的现实需要。现实的人区别于“抽象的人”，区别于脱离了实际的、历史的实践生产活动而被虚构出来的那种人，但是现实的人的需要并不专指“现实需要”。以往很多研究者认为，虽然能够认识到“需要”这样一个范畴对于理解和描述现实的人、现实的社会以及现实的历史的重要性，但是却往往错误地把现实需要等同于现实的人的需要。事实上，现实的人的需要既具有现实性的一面，也具有虚拟性的一面，这两方面始终伴随，而且随着人的需要的发展，需要的虚拟的一面越来越明确地呈现出来。

在马克思的视野中，对现实的人的理解与对这个现实的人的需要的理解是同步的。我们谈论的“任何社会历史的第一个前提无疑是有生命的个人的存在”，而这个“有生命的个人的存在”又是以生产出满足自己需要的资料为前提的。以此作为基础，人类历史得以存在和发展的每一个前提，都是以一些“新的需要”的满足作为条件的。在这里，马克思把辩证法的思想引入了需要问题的研究当中，因此，需要不再是一个

① 衣俊卿. 人的需要及其革命：布达佩斯学派“人类需要论”述评 [J]. 现代哲学，1990,（4）：67-72，61.

孤立的、僵化的概念，而是一个发展着的、不断会被赋予新的内涵的重要范畴。马克思自己曾经分析并列举了人的需要的多个层次，涵盖了从生产物质生活本身的需要到生产社会关系的需要再到对于语言和意识的需要。从马克思的分析中，我们可以获得一个基本的结论，那就是：人的需要是理解现实的人的活动的基本立足点。马克思通过对需要的层次的分析，来理解现实的人的活动，也就是呈现出在每一层次的需要中人的活动包括了哪些具体的内容。要想对人的本质有全面的理解，就必须具有一个全面的考察视角，能够把人的现实生活的全部活动内容都囊括在内。在对人的需要的每一个层次，以及与之相对应的人的每一层次的社会历史活动的理解中，我们已经从一些概念和维度找到了对于人的本质的理解的一致性。比如我们从实践出发去理解人，从劳动去理解人，从社会关系去理解人，从意识活动去理解人，是对同一个现实的人的不同维度的，但却是同一思路的理解。笔者认为，对人的所有这些不同维度的理解受到一个共同的思路的制约，那就是：从人的需要出发去理解人。

从人的需要出发去理解人，这是马克思对于人的本质的理解的一条根本思路。由此而出现的，从实践、社会关系、意识等维度对人的本质的理解则只是这一总体思路的展开和具体化。就此而言，我们以往在对人的本质的理解中确实犯了“只见树木不见森林”的错误。唯有对人的需要有一个全面彻底的认识，我们才有可能对人的本质有一个全面彻底的认识。如前文所述，虚拟需要在网络信息社会的呈现为我们理解和认识人的需要提供了一把“人体解剖”的钥匙。只有需要以虚拟的形式呈现出来并为人所知的时候，需要的全部内涵才开始完整地暴露在人们面前。所以，从虚拟的角度出发来理解人的需要，不但使需要的内涵丰富起来，而且使马克思理解人的本质的一条总的思路呈现出来：人是人的各种需要的总和。

二、虚拟需要论的人学学科论价值

1. 推动了马克思主义人学在当代的新发展

在当代，人学研究的兴起成为马克思主义哲学研究领域的一大景观，并且形成了一股具有深远影响的人学思潮。而人学发展的一大特点就是紧随着社会实践的发展而发展，并且反作用于社会实践。马克思主义发展到当代必须研究社会的新变化，只有这样才能使自己的理论历久弥新。虚拟需要论的主要研究对象就是信息社会人的需要的新变化，从这个意义上可以说虚拟需要论推动了马克思主义人学在当代的新发展。人的解放是马克思主义的理论宗旨和最高目标，而人的解放有赖于人的需要的满足。虚拟需要论对当前信息社会人的需要问题的研究一方面可以促进人的合理的需要的实现，另一方面也可以实现对不合理需要的消解，最终实现人的解放。马克思主义人学研究的对象是“现实的个人”，马克思主义人学是建立在历史唯物主义基础之上的非人本主义人学，它不是从抽象的个人出发，而是从现实的个人出发的。从抽象的个人出发，仍然是从观念中、想象中的“人”出发，便依然摆脱不了历史唯心主义的魔咒。[①] 在当代，现实的个人就是处在信息社会中的个人，虚拟需要就是现实的个人需要的新的特征，马克思主义人学要把握现实的人的问题就必须对虚拟需要进行研究。西方马克思主义在人的问题研究上面也有许多我们可以借鉴的成果，它在当代人的需要问题的研究上不仅对于虚拟需要来说是一个重要的理论来源，也是研究马克思主义人学不能忽视的一个重要环节。人的问题是哲学的核心问题之一，同样也是整个西方哲学的传统，更有人把“认识你自己”作为整个西方哲学对人的问题认识的出发点。西方马克思主义也深受西方哲学传统的影响，始终

① 张一兵，夏凡. 人的解放 [M]. 郑州：河南人民出版社，2011：24.

把人的问题作为理论研究的中心。在20世纪60年代以前，西方马克思主义在总体上确实都表现为一种与人直接相连的哲学（无论我们是不是称为“人学”）。然而，从青年卢卡奇的总体性规定到萨特的总体化规定，不难发现，西方马克思主义的人学话语实际上经历了一个从古典人本主义到新人本主义话语的蜕变过程。[①]无论是古典人本主义还是新人本主义都体现了西方马克思主义对于人的问题的重视，虽然西方马克思主义的不同代表人物之间存在着学术旨趣和理论前提的差别，有时甚至是质的区别，但是从总体上看，将西方马克思主义人学定义为新人本主义与马克思主义的结合，都是站得住脚的。[②]在众多的西方马克思主义流派中，以马尔库塞为代表的法兰克福学派对人的批判最有代表性。马尔库塞认为现代社会的发展造成了“单向度的人”的出现，人的发展本来应该是全面而自由的，但是由于科学技术的发展，当代工业社会利用先进的科学技术加强了对人的精神控制。在当代发达社会中，人变成了被控制的机器，丧失了内心的自由。在高度发达的现代资本主义社会中，人被贬低为机器和奴隶。[③]马尔库塞还认为科学技术所带来的现代化的生活方式导致人们只追求物质享受，而忽视个人的精神追求。现代发达社会及其高度发达的通信手段——无线电、电影、电视、报纸、广告等完全控制了人们的思维走向，使人们失去了可以借以变动和保存他自己的私人空间和内部自由。马尔库塞认为，在今天，这一私人空间已被技术现实所侵占和削弱。由于这种现实，人们在不知不觉中陷于模仿的困境，而不能具有否定性的思维力量。[④]信息社会的发展使这种现代化的生活方式又前进了一大步，人们不仅在现实生活中被眼前舒适的现代化生活所掌控，更在虚拟世界中受到潜移默化的影响。虚拟世界对于

① 张一兵，夏凡．人的解放[M]．郑州：河南人民出版社，2011：137.
② 张一兵，夏凡．人的解放[M]．郑州：河南人民出版社，2011：138.
③ 赵敦华．西方人学观念史[M]．北京：北京出版社，2005：422.
④ 赵敦华．西方人学观念史[M]．北京：北京出版社，2005：422.

一些人来说，不仅没有使自己的精神需要得到满足，反而造成了精神的极度空虚。马克思主义人学在当代要取得新的发展，必须时刻关注人的需要发展的新动向，从这个意义上讲，虚拟需要论的研究推动了马克思主义人学在当代的新发展。

2. 丰富了马克思主义人学的研究内容

信息社会的发展改变了人们的生活方式，使人们的生存状态发生了新的变化。围绕这一新变化，关于人的各种研究势必也会增加新的内容和研究对象，虚拟需要就是在这种情况下出现的。虚拟需要以人的虚拟生存方式为依托，是人们在虚拟空间中展现出来的各种精神性的需要。虽然虚拟生存是不同于人的现实生存的一种生存方式，但是人们在虚拟生存中的精神性需要对人们的现实生活同样具有重要的影响。人的虚拟需要的产生是随着各种虚拟技术的出现而出现的，是马克思主义人学所不曾注意到的新的研究内容。马克思主义人学是一门以完整的人及其本质、存在和历史发展规律为研究对象的新的科学，是以达到对人的完整的科学理解为目的的。但是在关于马克思主义人学的研究对象上，有的学者就会认为所有与人有关的问题都属于人学的研究对象，这种说法显然是不客观的，是关于人学的一种模糊认识。这种看法显然没有把人学同人的科学区分开来。人的科学是研究人的某一方面的各种具体学科，人学之被倡导，其理论上的动机无非是把已经积累起来的、与人有关的只是由某一统一的原理重新加以组织，从而把人作为一个统一的整体来把握。[①] 近年来我国人学的发展也是本着这个宗旨，力争形成一门关于完整的人的理解的新的科学。人学的研究也具有两个层次，一是综合人学，即“完整人”的研究；二是哲学人学，即从完整的人中提炼出

① 张一兵，夏凡. 人的解放 [M]. 郑州：河南人民出版社，2011：7.

关于人的本质、存在和历史发展规律的哲学理论。虚拟需要论的出现为马克思主义人学增加了新的研究对象，对虚拟需要的研究有助于在新的历史条件下完整地把握人的本质。如果说人学理论是人本主义的马克思主义的基础，那么异化理论就是人学理论的内在结构。一旦把人看作孤独的个体生存，赋予人绝对的超越本领，异化就必然像“影之于形”一样始终纠缠着“人”[①]。西方马克思主义关于异化的论述也为我们研究虚拟需要的特征提供了依据，但是也有人认为西方马克思主义所讲的异化的概念与马克思的异化概念有着质的不同。对于西方马克思主义的学者们来说，异化只是他们用来批判资本主义的一种口号，他们并没有就异化背后所包含的深刻的意义进行研究。西方马克思主义把异化概念引向社会的方方面面，尤其是列斐伏尔更把异化的概念引向大众生活的心理层面。在列斐伏尔看来，日常生活本身既不是经济基础也不是上层建筑，上层建筑反而是从日常生活中产生的。现代社会最主要的异化并不是经济异化，而是政治异化，即个人生活从属于政治生活。[②]由此可见，西方马克思主义对异化概念的使用与马克思的异化思想大相径庭。因此，我们在对虚拟需要的异化概念进行分析的时候要注意区分异化使用的准确性。同样要准确理解虚拟需要的异化特征，还要与列斐伏尔的“需求异化”进行区别。在列斐伏尔看来，现代人的需求和欲望是被制造出来的，人处于这些“神秘化的意识”中而不觉。这就是“需求异化”。需求异化是一种心理异化、伦理异化，而不是现实的经济异化。[③]这种关于“需求异化”的观点只把异化的原因简单地归结到心理或者精神的因素之上，所以与马克思的异化概念是截然不同的。关于虚拟需要的研究不仅要研究信息社会人的需要的新的形式，更要结合马克思需要理论的相关内容对已有的关于需要特征的论述进行分析，只有这样才能

① 张一兵，夏凡．人的解放[M]．郑州：河南人民出版社，2011：240.

② 张一兵，夏凡．人的解放[M]．郑州：河南人民出版社，2011：242.

③ 张一兵，夏凡．人的解放[M]．郑州：河南人民出版社，2011：242.

得到关于虚拟需要的科学认识。对虚拟需要论研究的新的进展，也为马克思主义人学增加了新的研究内容，使马克思主义人学具有鲜明的时代特征。

第二节　虚拟需要与美好生活需要

具体的历史的需要总与具体的生产状况相关，一定的生产状况必然决定着一定的需要，生产状况的发展水平决定着需要的发展状况。十九大报告中多次提到“美好生活”，把实现人民对美好生活的需要作为我们今后奋斗的目标，引发了理论界关于“美好生活”的激烈探讨。前面我们从社会生产的角度出发讨论过虚拟需要产生的社会现实基础，社会生产的发展促进需要的丰富与完善，是需要发展的社会现实基础，同时需要体系的发展又促进价值体系的变革，虽然这种变革有可能是不同步的甚至是滞后的。这里有一个首要的前提就是搞清楚虚拟需要与美好生活需要的关系，才能在理清关系的同时明确虚拟需要的价值所在。

关于美好生活的研究由来已久，古希腊时期的思想家就开始基于自身的主观体验，理性思考关于美好生活的意义问题，如苏格拉底关于“至善的生活”的思考、柏拉图关于“理想国”的构建、亚里士多德关于幸福问题的追问都代表了这一时期的思想家对于美好生活的意义的不懈追求。自古希腊伊始，关于美好生活的研究一直是西方哲学研究的重要议题，奥古斯丁、海德格尔都对此问题进行过深入研究。同样关于美好生活的研究也一直是中国哲学关注的重要问题。儒家思想推崇的“大同社会”，不仅从个人层面更从国家、社会治理层面为我们描述了他们理想中的美好生活。儒家思想影响深远，古代许多的政治家据此提出许多更深入的关于美好生活的理念。老子的“小国寡民”思想是道家关于“美好生活”的集中表述，“邻国相望，鸡犬之声相闻，民至老死不相往来”这样一种“独善其身”的智慧是道家美好生活思想的浓缩。

当然关于美好生活的研究不仅仅局限在哲学一门学科之中，政治学、社会学、心理学都有关于美好生活的研究，甚至于许多社会学家和心理学家推导出了种种关于美好生活的公式。美好生活的研究还拓展到实践领域，各种关于美好生活的实践话语更是引起人们的广泛关注。人们对于美好生活的需要也是多种多样的，但总的来说有两种倾向，一种是把美好生活看作“物质充足富裕的生活”，这种看法甚至在很长一段时间一直主导着人们关于美好生活的探索方向，所以人们在思索什么是美好生活这一问题时总是把它与物质发展联系起来，具体到国家层面就会把经济发展确定为国家发展的目标。我们今天在探讨这一问题时是从对于美好生活的研究角度出发的，如果具体到一定的历史阶段、一定的发展、一定的社会环境下这一目标当然不能完全说是错误的，这一点是我们认识的重要前提。

在当前，好生活这一主题已经超越以往研究界限，成为各种新兴的哲学和科学分支共同关注的对象。心灵哲学和意识哲学围绕好生活这一主题建立了大量的幸福学理论，从哲学层面对好生活的条件、内涵、实现方式进行了反思。情感神经科学（affective neuroscience）和积极心理学（positive psychology）等自然科学门类也利用功能性磁共振成像技术等经验科学的手段来研究好生活的大脑神经机制。这些研究为我们当前理解好生活和美好生活提供了一些可资借鉴的理论成果，但也存在着明显的问题和不足。这些问题和不足主要呈现在对好生活本质内涵的三种类型的理解当中。一是把好生活规定为非现实的生活，认为能够过上真正的好生活的世界是超越于现实世界、经验世界之外的那个所谓的彼岸世界。二是把好生活限定于抽象的生活领域，认为只有在道德生活、情感生活、理性生活等纯粹的精神领域才能获得好生活，而一旦这个纯粹精神的领域受到世俗的物质世界的玷污，好生活就不复存在了。三是把好生活庸俗化为感官享受，认为个人心灵和肉体在特定状态下所产生的各种主观体验和感受，如愉悦感、平静感、刺激感、满足感是好生活的核心要素。超越性、抽象性和主观性就是以往人们赋予好生活的本质属性，这种误解导致好生活的本质长期游离于人们的观念之外。

质言之，以往人们之所以不能正确把握好生活的本质，根本原因反而不在观念层面，而在于以往人们尽管有对好生活的反思却没有彰显好生活本质的社会环境。认识源自实践，观念是对现实的反映。真正认识好生活的实践与真正创造好生活的实践，应处在同一个完整的实践过程当中。一旦这两个过程出现分裂的时候，不但人们在观念中无法感受到好生活，而且好生活的本质也会在现实中隐藏起来。习近平总书记在党的十九大报告中指出："今天，我们比历史上任何时期都更接近、更有信心和能力实现中华民族伟大复兴的目标。"[①] 中国特色社会主义进入新时代提供了一个前所未有的机遇，使得美好生活的本质得以彰显。

中国人开始思考"美好生活"应该是在改革开放之后，经济发展到一定时期，基本的生活条件得到满足，人们才开始探索"美好生活"的需要。但长期的思想认识并不可能很快得到转变，一定要经过一定的时期才能发生改变。作出这些判断的依据主要是改革开放之后经济的高速发展，但是我们在看到进步的同时也应该看到在发展过程中累积了许多的问题，即社会环境问题日益突出，公平正义问题渐渐突显，这些发展中遇到的问题使我们认识到仅仅追求经济指标的增长对于实现人民美好生活是不够的，会严重影响人民幸福感的提升。原有的粗放式的经济增长方式也会极大地影响经济的可持续发展，进而阻碍人们更美好生活的目标的实现。所以十九大报告深入考察当前经济发展状况，综合各方面的因素，作出了关于社会主要矛盾调整的重要判断，这一重要判断直接影响我国社会需要体系的变革，由过去单纯的以经济为中心的物质需要发展到包含社会公平正义、民主法治、良好自然环境在内的新的社会需

① 习近平：决胜全面建成小康社会 夺取新时代中国特色社会主义伟大胜利——在中国共产党第十九次全国代表大会上的报告 . http://www.gov.cn/zhuanti/2017-10/27/content_5234876.htm[2021-07-15].

要体系，也意味着人民群众的需要层级变高、范围拓宽，人民美好生活需要的满足成为当前我国社会发展的主要目标。

理论界关于美好生活需要的研究成果也很多，有学者从词源学的角度出发对美好生活进行了深入的阐释，有研究从伦理学出发对何谓“美好”进行了释疑，或从社会学的角度对“需要”进行了分层分级梳理。这些研究在很大程度上可以帮助我们正确理解美好生活需要的内涵。结合改革开放以来人民美好生活的演进历程可以看到，在此过程中人民群众的需要遵循着这样的发展趋势：从以物质主义为中心的需要发展到以强调物质生活质量和个人自由全面发展的需要。在此过程中，新的需要开始凸显并日益影响人们的生活。信息时代互联网的急速发展促使人们的思维、道德、文化以及生活方式发生剧变，尤其是虚拟现实技术的广泛应用，使得关于虚拟实在的争论不绝于耳。尽管关于虚拟实在的争论很多，但是不可否认的是在此过程中出现的虚拟需要改变了现有的需要体系，使人们开始重新认识一种新的需要，即它的含义为何、它的特点何在。同样这样一种人们生活的需要的演进过程催生了新的价值观的变迁。

价值是一种关系属性，它表征的是人的需要与物的属性之间的函数关系，当物的属性能够满足人在实践中的具体的历史的需要时，价值关系便被构建起来。从关系维度出发，我们可以认为需要的发展与升级必然会引起价值的发展与升级，并进一步丰富价值的层次与结构。十九大报告指出关于社会主要矛盾的变化的正确认识对我们理解需要的发展具有重大的理论指导意义。尤其是在重新审视新的需要所必然导致的价值的转型与升级时，美好生活需要随之衍生的社会价值、政治价值、生态价值、文化价值应如何认识是接下来必须思考的重要问题。当然美好生活需要同样包含一定的经济价值，但在社会生产力高度发达的现阶段，经济价值在美好生活需要中的比重必然有所下降，我们应该思考的重大问题是在需要发生转变的同时价值体系如何转向与重构。

同时我们也应该看到价值的认识的滞后性，价值的认识不同于价值，是对价值主体与对象属性之间关系的主观认识。在现实生活中，价值认识的滞后性往往会使我们忽视某些已经出现且已产生重大影响的需要状况的变化，虚拟需要正是如此。十九大报告指出，社会主要矛盾已经转化为人民日益增长的美好生活需要和不平衡不充分的发展之间的矛盾。这一关于社会主要矛盾的认识向我们提出了一个重要的理论问题，即该如何理解美好生活需要的含义。作为信息社会一种新的需要形式，如何认识虚拟需要与美好生活需要的关系？只有厘清这些问题，才能正确把握虚拟需要的价值与现实意义。

在美好生活被提出以前，人们最关注的是“幸福生活”。在人们的普遍认识中，美好生活与幸福生活是一组近似的概念，但是如果我们深入分析这两个概念，就会发现幸福生活更强调的是个人的主观感受，是个人对自身生活状态的一种主观评价。而美好生活的含义就更加广泛，不仅有个人的主观体验，更有对社会整体生活状态的描述。因此美好生活不仅仅是主观的感受，更是客观条件的实现和满足。每个人都有追求美好生活的权利，渴望获得精神上的满足，这些都是需要一定的客观条件的，因此，对美好生活的追求也不能停留在主观的建构上，必须回到现实中、在实践中去实现。当然不同时代的美好生活是不同的，美好生活也在实践中不断地变化。在物质资源不够充足的时代，人们的美好生活是物质需要能够得到基本满足。而当物质需要得到满足之后，人们的美好生活必然会发生变化，不仅要有富足的物质生活，同样需要和谐的社会氛围、优美的自然环境等，这些都是实现人们美好生活的外部条件，构成一个层次分明的目标集合体。十九大报告中多次提到美好生活，新时代的美好生活无疑与之前的美好生活有很大区别，这一时期的美好生活是建立在改革开放以来中国发生翻天覆地的变化的基础上的，经济领域取得的巨大成就为人们追求美好生活、实现美好生活提供了前提和基础，也可以说正是改革开放以来的成就才使人们的美好生活需要的实现有了现实可能性。

自古以来，人们对美好生活既有质朴纯真的共同向往，又因受到文化传统、社会环境、经济条件等因素的制约，而对其产生不同的理解。应该说，美好生活的本质只有在现实中展现出来的时候，我们才能在观念上正确把握它。中华人民共和国成立后特别是改革开放以来，人们能够认识美好生活的本质，根本上得益于中国共产党带领全国人民追求和创造美好生活的伟大实践。中国特色社会主义进入新时代，为人民在现实生活中成就美好生活提供了新的历史起点。中国特色社会主义进入新时代，这个新时代是不断创造美好生活的新时代，是满足人民日益增长的美好生活需要的新时代，也是美好生活的本质得以进一步彰显的新时代。

社会生活在本质上是实践的，美好生活同样如此。实践活动一方面使人的现实生活与动物式的自然生存区别开来，另一方面使美好生活在现实生活中得以实现。就人的生活层次而言，美好生活是在基本的生活条件满足之后，所要实现的更高层次的、更高要求的生活状态。在当前，美好生活状态既包括更高的物质文化生活状态，又包括民主、法治、公平、正义、安全、环境等方面的更高的生活状态。对所有这些生活状态的创造和满足而言，劳动实践是关键。习近平总书记说：人世间的一切幸福都是要靠辛勤的劳动来创造的。[①] 所以，由辛勤劳动所创造的美好生活是实实在在的、现实的生活。世界上没有抽象的美好生活，也没有凭空产生的美好生活，抽象的和凭空产生的美好生活只能出现在幻想中。

美好生活需要产生于实践基础之上，反映了当下人们在实现人的全面自由发展过程中的必然要求。同样，信息时代作为社会发展的最新阶段，具有鲜明的信息化的特征，虚拟需要正产生于这样的时代背景之

① 习近平：人民对美好生活的向往就是我们的奋斗目标. http://cpc.people.com.cn/18/n/2012/1115/c350821-19590488.html[2020-10-20].

下。从这个意义上讲，虚拟需要与人们的美好生活需要具有方向上的一致性，最终都是为了实现人的全面自由发展。当前，信息社会正在摆脱人们的理论构想逐渐成为现实的技术社会形态，由此所带来的是社会政治、经济、文化等多方面的基础性的变革。唯物史观始终坚持用物质实践去解释各种观念，信息化的时代背景催生了虚拟需要的出现，必然会引起社会核心价值观念发生嬗变，以信息社会为核心的价值观念正在生成。一定的核心价值观念的形成受到各种条件的制约，其中最主要的是生产方式的制约，前面我们已经分析过信息社会生产方式发生的种种变革，这是新的核心价值观念产生的现实基础。在信息社会出现以前，渔猎社会、农业社会、工业社会都出现了与当时的生产力状况相适应的核心价值体系，不同的社会形态形成了不同的核心价值体系。渔猎社会由于生产力比较落后，所以这一时期的价值体系以顺应自然、团结互助为主要核心。农业社会的生产力有所进步，尤其是生产工具的进步使人们在处理与自然界的关系中大大提升了自信心，同时政治体制和家庭机构的巩固使尊崇权威、自给自足的思想成为这一时期的核心思想。而到了工业社会，生产力极大进步，资本的逐利性给这一时期的核心价值体系深深地打上了金钱的烙印，这一时期是人类社会前所未有的物质充足时期，所以功利主义的价值体系是这一时期的显著特点，竞争、法治也是其主要特征。在社会发展的车轮滚滚向前的同时，人们的核心价值体系也在发生着翻天覆地的变革，那么与信息社会相适应的又会是什么样的核心价值体系？另外，一定的核心价值观念的形成还需要统治阶级加以引导，用外力促进其生成、被认同并发挥作用。在社会形态发生改变的过程中，新的社会价值观念逐渐显现，在这个过程中就需要人们去仔细研究与甄别，对于有利于社会发展的积极向上的价值观念要大力弘扬，反之对于消极的价值观念则需要去批评引导，从而促进信息社会的核心价值体系的形成。

虚拟需要不仅与美好生活需要在方向上具有一致性，同时它也是人们美好生活需要的重要组成部分。我们研究信息社会的价值观念的形成就必须考察人们在这一时期的各种需要，需要是我们研究价值问题的突破口，产生于信息社会的虚拟需要是一种新的需要形式，也是我们研究信息社会价值观念的形成中不能忽视的一个重要问题。马克思需要理论是我们研究美好生活需要的理论基础，同时也是我们研究虚拟需要的理论基石。由于需要与经济学问题的天然联系，马克思对需要问题的研究多集中在经济学领域，但是我们不能忽视其需要理论的政治指向性，只有从多方面理解和把握才能抓住其本质内容。马克思需要理论具有鲜明的层次性和广泛性，构成了一个完整的需要体系。其中自然需要是基础，也是马克思考察历史问题的逻辑起点。正像达尔文发现有机界的发展规律一样，马克思发现了人类历史的发展规律，即历来为繁芜丛杂的意识形态所掩盖着的一个简单事实：人们首先必须吃、喝、住、穿，然后才能从事政治、科学、艺术、宗教等；所以，直接的物质的生活资料的生产，从而一个民或一个时代的一定的经济发展阶段，便构成基础，人们的国家设施、法的观点、艺术以至宗教观念，就是从这个基础上发展起来的，因而，也必须由这个基础来解释，而不是像过去那样做得相反①。马克思从人的自然需要出发创立了历史唯物主义，也是自然需要成为历史唯物主义的一个基础性范畴。马克思又从社会整体的角度出发考察了社会需要，他认为人的需要一定是多样性的、分层次的，在自然需要满足之后社会需要就随之产生。黑格尔同样认为社会需要是直接的或自然的需要同观念的精神需要之间的联系，由于后一种需要作为普遍物在社会需要中占有优势，所以这一社会环节就含有解放的一面，这就是说，需要的严格的自然必然性被隐蔽了，而人就跟他自己的，同时也是普遍的意见，以及他独自造成的必然性发生关系，而不是跟仅仅外在的

① 中共中央马克思恩格斯列宁斯大林著作编译局. 马克思恩格斯文集：第 3 卷 [M]. 北京：人民出版社，2009：601.

必然性、内在的偶然性以及任性发生关系。[①] 从自然需要到社会需要也意味着人从自然性的存在发展为社会性的存在，使人的本质得以确立。无论研究自然需要还是社会需要，马克思都着眼于对资本主义的批判，他的最终落脚点还是促进人的全面自由发展，所以他的需要理论从自然需要到社会需要进而递进到人的自我实现的需要，人的本质在此过程中进一步得到确立，因此具有鲜明的层次性。

既然人的需要是有层次的、成体系的，那么我们在分析人的需要时也应该用一种整体性的视角。在某一阶段可能是某一种需要占据主导，比如在生存条件得不到满足时，人的自然需要就占据主导地位。但是这并不意味着在此期间人们只有一种需要，其他的需要仍然存在，只是处于较次要的位置。当现实的条件发生变化时，占据主要地位的需要也会发生相应的变化，美好生活需要的提出就是如此。人们认为美好生活需要是新时代较高层次的需要，是在我国人民生活总体小康的基础上提出的，基本上解决了十几亿人的温饱问题。作为现阶段较高层次的需要，它包含多方面的内容：一方面，人们的物质生活要求标准更高，如更好的教育保障、更高的收入水平、更全面的医疗保障体系、更舒适的居住环境等；另一方面，人们在公正、法治、安全、正义等方面的要求也更高。由此也可以看到，过去在物质水平相对落后时期处于次要地位的“软需要”逐渐凸显，成为新时代的“刚需要”。在这些“软需要”中，虚拟需要就是其中的一种。信息社会的迅速发展使人们的虚拟性存在变成了一种常态，人们可以在虚拟空间中与他人交流、对新闻事件发表看法、与虚拟人物游戏等等，网络空间的存在大大扩展了人们的交流范围，人们摆脱了空间上的限制，自由地在网络上沟通。信息社会的一个显著特征就是人们的数字化和网络化交往成为社会的主要交往方式，与以往的交往方式相比，信息社会人们的交往方式实现了升级和变革。交

① 黑格尔．法哲学原理 [M]．范扬，张企泰译．北京：商务印书馆，2017：236.

往是人类社会主要的实践形式，人们通过交往发展人与人之间的关系，是人的社会关系的主要表现。马克思和恩格斯对交往进行了深入研究，对交往的内涵、交往的种类都有详细的阐述。在此基础上，马克思提出了他关于人的本质的科学认识："人的本质不是单个人所固有的抽象物，在其现实性上，它是一切社会关系的总和。"①

只有在物质、精神、情感等方面的交往中，人们的本质才得以展现。现代科技为我们提供了便捷的信息通信工具，使人们的社会交往方式实现了变革。在早期，人们之间的交往由于地域的限制只能局限在特定的范围内，因此这一时期的社会交往关系具有相当的局限性，个人的交往受到他者的制约。随着社会生产力的发展以及机器大工业的出现，物质资料的相对丰富使个人之间的交往开始逐渐摆脱物的制约而追求个人的独立性。当然我们也看到每一时期人们之间的交往方式不同，根本原因还在于社会生产力水平的差异，随着社会生产力的进步，人们之间的交往首先摆脱了物的限制，接着摆脱了空间的制约，从物质交往到精神交往，交往的程度和范围在逐步发展，实现了从物质到精神不同层级，再到文化、情感不同内容的交往。同时随着交往方式的变革，人们之间的交往更加频繁，范围也更加广泛，交往的不断扩大使人们的社会实践活动也愈加丰富，人们的社会关系也随之丰富，人的本质也在此过程中得到前所未有的发展。当然我们也应看到，在社会关系愈加丰富的同时，人们的需要层次也在不断地提高，人们在虚拟交往中产生的虚拟需要是人们在现实中的各种需要在虚拟世界中的投射与延伸，人们通过网络发展现实中无法实现的跨时空的交往，使过去的交往空间实现了前所未有的突破，在物理空间之外开辟了新的虚拟空间。新的虚拟空间的出现为人们的虚拟存在提供了现实可能性，人的交往方式发生了前所

① 中共中央马克思恩格斯列宁斯大林著作编译局．马克思恩格斯文集：第1卷[M]．北京：人民出版社，2009：505．

未有的变革，客观上也促进了人的本质的完善和人的全面自由发展的实现。

在制约人的自由全面发展的各种要素当中，物质生活资料具有决定性作用。一定的物质生活条件，是个体的人过上美好生活的基础性条件。美好生活作为个人的需要，是在物质生活条件得到一定满足的基础上产生的。在中国共产党成立 100 周年之际，我们实现了第一个百年奋斗目标，全面建成了小康社会，实现了中国式现代化的阶段性目标，这既是过去为改善人民物质文化需要取得的历史成就，又是新时代人民日益增长的美好生活需要能够产生的现实基础。个体的人要通过辛勤劳动、诚实劳动、创造性劳动创造更丰富的物质生活。离开了辛勤劳动，个人的美好生活只能成为空想。

一个人能够过上什么样的生活，既与他具有的物质生活条件有关，又与他内在的精神生活条件有关。精神生活条件是个体的人要过上美好生活所必须具备的道德、修养、人格、境界、感受能力等内在精神素养的总和。美好的精神生活本身就是新时代美好生活重要的组成部分。道德是精神生活最重要的内容，它与美好生活的实现密不可分。对幸福、美好生活与道德关系的深层次哲学研究告诉我们，美好生活的实现是一个离不开道德水准提升和精神文明建设的系统工程。因此要建构美好生活，也必须加强人的素质锤炼，加强精神文明建设。虚拟需要作为人的精神性需要在网络上的延伸，既是人的本质发展的必然要求，又体现了个人在信息社会中的美好精神生活需要，因此属于美好生活需要的一个重要组成部分。对于虚拟需要，一方面，人们应正视其积极作用，正确引导并积极帮助个人虚拟需要的实现。另一方面，由于网络信息的复杂性，也应该看到人们的一部分精神需要是在攀比、嫉妒等负面心理的影响下产生的，并不是一个人发自内心的自我需要。类似这样的情况比比皆是，据英国《太阳报》报道，一英国年轻男子肯尼因社交网络上的网络暴力而精神崩溃，最终在家中服药自杀。在肯尼自杀后，他的家人发现他在生前受到了来自 Facebook 上网民的恶意攻击。他们认为其中一条被广泛转发的推文就是导致肯尼自杀的原因之一。肯尼的妹妹卡洛琳表明：在这条推文下有四十多条恶评，都在指责肯尼有多糟糕。实际上，肯尼把一些恶评发给了他的律师处理，但他的家人都不知道这些评论伤害他的程度如此之深。他觉得自己名誉如陷沼泽。近些年来这样的现象比比皆是，人们出于各种目的在网络上对一些现象或者公众人物进行评论、批评进而演变为人身攻击，这些人显然通过这些行为满足了自己的某种虚拟需要，但是这样的虚拟需要不仅影响个人身心的健康发展，而且会给他人带来精神上的极大伤害，甚至对于整个社会的价值取向都会产生恶劣的影响。对于这样的虚拟需要应该如何应对是我们应该深入思考研究的问题。

第三节　虚拟需要与人的幸福和发展

虚拟需要的存在是一个不争的事实，关键的问题在于我们应该如何看待和理解虚拟需要对人的状态所产生的影响。有理由认为，在每一个相关的层面上，虚拟需要的产生、演变、消解或实现都会深刻地影响到人的生存、发展、幸福和未来前景。从一个更加宏大的视角来看，在人的整个需要层次和体系当中，虚拟需要究竟能占有什么样的地位？虚拟需要自身的未来前景如何？是被消解还是被实现，或者两者兼有之？

人的需要与人的存在状态密切相关。单纯就需要的层次而言，需要被满足的层次与人的发展状态之间成正比关系。按照著名的马斯洛需要层次理论，最低层次的需要是生理需要，也就是生存的需要。对生存的需要的关注就意味着人本身处在一种原始的、低级的发展状态当中。在马斯洛对人的需要的七个层次的划分当中，最高层次的需要是“自我实现的需要”。

这种需要按照马斯洛的话说就是一种想要变得越来越像人的本来样子、实现人的全部潜力的欲望。[①]当一个人产生了这种类型的需要或者当这种需要获得满足时，这个人的发展就处在一种高度发展的状态当中。马克思同样把人的发展状态乃至人的幸福问题与人的需要问题关联在一起。在马克思看来，人的活动的内容和层次是围绕着人的需要的内容和层次展开的，根据需要的层次，马克思对现实的人的活动内容进行划分。按照这种划分，人的活动的第一个内容，就是生产物质生活本身，而物质生活本身的生产活动又是由人的最基本的那些生理需要所决定的。当人们停留在对这些最基本的物质生活资料的需求进行满足的阶段时，人的发展在总体上就处于低级的、原始的阶段。处在这个需求层次的更上层的是对意识的需要。这意味着，只有在人的发展状态达到一定的阶段并具有了一定程度的积累之后，意识的各种奇妙的创造才成为可能。从总体上来看，马克思对人的需要的层次理论的建构才刚刚起步，但是这个理论却抓住了需要层次理论中的最基本的一些内容。比如，我们可以通过考察人的需要层次来衡量和反映人的发展层次。在此意义上，我们甚至可以说，人的需要就是人的发展。就虚拟需要而言，它无疑在整体上处在需要的较高层次上。无论一种虚拟需要本身看起来有多么荒谬、怪诞和不合情理，它都一定是在人类本身的发展已经达到比较高的程度之后才能够产生的一种需要。反过来，虚拟需要的产生在总体上标志着人的发展进入一个新的、高级的阶段。对虚拟空间的需要，一定是建立在人类对现实世界的强有力的支配的基础上；对虚拟社区的需要，一定是建立在现实的社会关系高度发展的基础之上。虚拟需要与人的现实存在状态之间的关系，正是虚拟与现实之间辩证关系的一个具体的呈现。

按照需要的层次理论来理解需要，总会使我们产生一个错觉：较高层次的需要总以较低层次的需要为基础，层层累积，步步升高，最终构

---

① 弗兰克·戈布尔：第三思潮：马斯洛心理学 [M]．吕明，陈红雯译．上海：上海译文出版社，1987：45．

成关于需要的坚实的金字塔。既然高层次的需要的产生必定是将低层次的需要本身的满足作为基础的，那么在低层次的需要获得满足的前提下，高层次需要的产生也就具有其完全的合理性。这样一来，似乎所有的需要的产生都有其现实的基础和依据，都具有不容否定的合理性。这种观点是一种混淆。需要在层次上的进步性，并不能证明需要的具体形式的合理性。一种需要，出现在较高的需要的层次上，只能说明它自身的出现这一事实的合理性，而不能证明这种需要的性质本身的合理性。就像在马斯洛需要层次理论中，自我实现的需要这一事实的产生代表了人自身处在一种较好的生存状态当中，但是这并不意味着一个人在此时关于自我实现的所有规划都是值得肯定的。就像马克思把意识的需要看作较高层次的需要，但这并不意味着人的所有意识状态和产物都是值得肯定的。对于需要而言，不能仅仅从其层次这一角度来衡量人的发展状态，还应对需要的性质本身进行价值评价。虚拟需要的价值批判就是要对虚拟需要进行选择。选择的过程也就是对虚拟需要进行批判的过程。评价表明主客体在一定的价值关系中，客体是否能够或已经使主体的需要和愿望得到满足，客体是否适合主体的需要并使主体意识到这种适合。[①] 对虚拟需要进行价值批判的目的就是给人们提供选择的依据，以便于人们根据自身的状况对虚拟需要进行选择。人类自从诞生以来，一直处于各种选择之中，如对生存环境的选择、对食物的选择等。虚拟需要的选择，就是人们根据自身生存和发展的现实状况，选择对自身有利的虚拟需要的过程。同样，虚拟需要同样具有不合理的方面，虚拟需要的消解也是我们研究虚拟需要的重点。当前对人的需要的兴趣有两个主要来源：第一，这一兴趣来源于事实和价值之间的二重性；第二，需要的满足。[②] 对虚拟需要的研究也是如此，对其价值的批判和虚拟需要自

---

① 李德顺．价值论 [M]．2 版．北京：中国人民大学出版社，2007：224．

② 莱恩·多亚尔，伊恩·高夫．人的需要理论 [M]．汪淳波，张宝莹译．北京：商务印书馆，2008：203．

身的实现是研究的最终环节。需要的实现是研究虚拟需要最重要的一环，也是构建虚拟需要论不可或缺的一个重要部分。

笔者认为，对虚拟需要本身性质的评价应依据其与现实的关系来进行。据此，我们把虚拟需要分作两类，一类是与现实相关的虚拟需要，这一类型的虚拟需要与现实具有多重关系，它可以作为对现实的补充、置换或者超越而出现。但是，这一类型的虚拟需要在根本上是以现实作为其基础的，因此具有其合理性。另一种类型的虚拟需要是脱离现实的虚拟需要，它是作为现实的绝对的对立面而存在的。这一类型的虚拟需要表现为逃避现实而虚拟，或者为追求虚拟而虚拟。在现实中，这一类型的虚拟常常表现为浸没于虚拟之中无法自拔。这两类不同类型的虚拟需要同样标志了人的现实存在状态，反映着人的幸福与否。就第一种类型的虚拟需要而言，其实现程度越高，人就越幸福。而就第二种类型的虚拟需要而言，人要活得幸福，则有赖于这种虚拟需要的消解。换句话说，区别这里的两种虚拟需要关键是看这种需要是否与主体之外的世界发生关系。

人的需要能够为人带来幸福的一个必要条件是：他的这种需要的满足必须要同“外部世界打交道”，而不能“只同他自己打交道”。恩格斯曾指出：“如果一个人只同自己打交道，他追求幸福的欲望只有在罕见的情况下才能得到满足，而且绝不会对己对人都有利。他的这种欲望要求同外部世界打交道，要求有得到满足的手段：食物、异性、书籍、娱乐、辩论、活动、消费和加工的对象。”[①] 所以，与现实相关的虚拟需要有可能成为实现人的幸福的条件，而脱离现实的虚拟需要则不利于幸福的获得。

对虚拟需要的讨论，不仅使我们对需要的认识更加细化，而且这种讨论也要求我们对幸福本身有一个更为细致的认识。笔者认为，“幸福”

① 中共中央马克思恩格斯列宁斯大林著作编译局. 马克思恩格斯选集：第 4 卷 [M]. 北京：人民出版社，2012：245.

一词有两类不同的用法，与此相应，有两种含义的幸福。一是在规范的意义上的“幸福”，主要涉及对人的生活状态的评价。在此意义上，“幸福”被看作是“美好”、“美满”或者“道德”的同义词，说一个人生活幸福，就是对他的生活状态做出“美好”“道德”之类的价值评价。二是在描述的意义上的“幸福”，主要涉及对人的特定的内在心理状态和感受的报告和描述。在此意义上说一个人幸福，主要不是对这个人进行评价，而是对这个人所具有的特定的情绪、感觉、态度等心理状态进行描述。说一个人幸福，就是说这个人处在某种特殊的心理状态当中。幸福的规范意义涉及的是幸福的标准性问题，这一问题要探讨的是什么样的生活才是幸福的生活，以及幸福的基础、条件、要素是什么。而幸福的描述意义涉及的则是幸福的心理标志性问题，它要探讨的是幸福的人在心理上状态是怎样的，以及这种心理状态的原因、内容、本质和存在方式是怎样的。规范意义的幸福，实即人们对幸福得以实现的基础和条件的理解和规定，这种理解和规定受到文化传统、社会环境、经济水平等诸多因素的制约，这决定了幸福的规范意义不可能具有绝对的统一性和普适性。马克思和恩格斯的幸福论主要就涉及这种规范意义上的幸福。在恩格斯看来，人的幸福的获得，主要取决于满足追求幸福欲望的物质手段的实现，人的精神在这一过程中只能够起到“微乎其微”的一点作用。对于虚拟需要而言，正当的虚拟需要的实现和人的其他类型的需要的实现一样，都是满足和实现人的现实幸福的一种手段。如果有什么特别之处的话，那就是虚拟需要的产生使现实与虚拟之间的关系更加多样化和复杂化。

幸福的规范意义与描述意义之间存在非对称的依赖关系。描述意义上的幸福，不存在对幸福的价值评判，但是在规范的意义上，却存在对幸福的心理描述。在描述的意义上，说幸福生活是好生活，就是有歧义的，因为这样说就意味着把心理状态看作是生活好坏的唯一评价标准。脱离现实的虚拟需要的满足与真正幸福之间的差异就在于此。我们现代社会中看到越来越多的人沉迷于虚拟世界中，而且这些人所具有的虚拟需要也不断在他所沉迷的世界中获得不同层次的满足，但是，这种虚拟需要的满足与人的幸福之间始终存在不可跨越的鸿沟。因为，人的现实生活状态如何，并不完全由心理状态决定。自以为是的幸福生活，不一定就是好的生活。脱离现实的虚拟需要的满足，和满足这种虚拟需要的一切手段一样都是虚拟的。一旦这种虚拟需要的主体回归现实世界，他依然会受到现实世界中的各种物质关系的束缚，一下子变得不幸福了。如果离开了人生活的现实世界，虚拟需要就成为无源之水、无本之木，不但这种需要本身最终要枯竭，而且无论这种需要的内容多么丰富、形式多么新颖，它都不可能对人的幸福的实现产生积极作用。

对于虚拟需要如何实现，赫勒的激进需要理论为我们提供了可资借鉴的经验。赫勒以对马克思需要理论研究为背景，以需要结构贯穿对发达工业社会和现存社会主义社会的分析，形成了以激进需要为核心的政治哲学视野。她把关注点放在需要的生成和满足方面，构建了全新的“人类需要理论”，希望通过改变人类需要结构的方式来达到人的个性的极大丰富。赫勒认为激进需要是在这样的社会中不能被满足的需要，它们是这样的一些需要，即只有这样的社会被超越，这些需要才能被满足。[①] 因为对于在以依附和统领关系为基础的社会中无法满足的需要有不可计数的阐释，因此就存在着不计其数的激进需要。马克思的哲学在赫勒看来也是一种激进哲学，“他设想工人阶级的需要就是这样的激进需要”[②]。赫勒认为激进哲学最有意义的地方在于把自己的价值应用于社会理论，只有这样的哲学才是激进哲学。同时激进哲学还具有三个最重要的特征：第一，激进哲学必须提出人类学的问题；第二，激进哲学必

① 阿格妮丝·赫勒. 激进哲学 [M]. 赵司空，孙建茵译. 哈尔滨：黑龙江大学出版社，2011：123.

② 阿格妮丝·赫勒. 激进哲学 [M]. 赵司空，孙建茵译. 哈尔滨：黑龙江大学出版社，2011：128.

须是一种批判的社会理论；第三，激进哲学作为一种历史自觉的哲学，必须研究现存社会结构的起源。

赫勒把阶级斗争的动力归因于激进需要，那么激进需要是如何产生的？赫勒在阐述激进需要的概念之前首先分析了激进需要的产生过程。在赫勒看来，激进主义秉持着“一种对社会的总体批判——对于一个以依附和统领关系以及‘自然分工’为依据的社会的总体批判”①，而激进主义者则是已经厌恶资产阶级的生活方式并决定支持另一种生活方式的那些人。正是由于激进主义者对自身所处的“以依附和统领关系”为基础的社会的不满，才产生了改变现有社会的需要，而激进需要也就应运而生了。在赫勒看来，马克思的经典著作中一直贯穿着这样的理念，即激进需要产生于劳动之中，剩余劳动也是激进需要产生的重要原因。同时马克思把对自由时间的需要看作是最基础的需要，工人对自由时间的需要与资本家不会缩短劳动时间之间的矛盾，客观上要求超越现有的资本主义制度，由此导致了激进需要的产生。赫勒认为马克思成功地找到了激进需要的载体就是工人，工人阶级体现了“激进需要”。

赫勒在对马克思需要理论进行了深入研究之后，提出了激进需要的概念，并提出了自己的哲学主张——激进哲学。她认为马克思主义哲学就是一种激进哲学，马克思的需要范畴就属于激进需要的范围。就像每一种哲学都包含着实然和应然、现象与本质、意见与知识之间的关系一样，马克思的哲学的自我构成也包含着实然与应然之间的关系。马克思的应然就是共产主义，在共产主义社会，个人与人的类之间的矛盾得到彻底克服，异化现象也不复存在。赫勒从激进需要的角度出发对马克思的共产主义理论进行了解读，她以作为普遍的社会群体的人类为参照物，阐述了激进哲学即激进需要革命的理想。激进哲学的首要出发点就是保证价值的多元性和生活方式的多元性，与之相关的就是需要的多元

① 阿格妮丝·赫勒．激进哲学[M]．赵司空，孙建茵译．哈尔滨：黑龙江大学出版社，2011：119-120.

性。为了实现需要的多元性，必须发动激进需要革命。赫勒在此提出了激进哲学的最终任务——激进乌托邦。她的激进需要的概念来自马克思。她的理性乌托邦的概念来自马克思关于人类解放的学说。

赫勒的激进乌托邦理想意味着，通过对异化的扬弃，每个个体都能变得与人的类相同一，但是这并不意味着完全的同一，因为完全的同一是不可想象的。因此在这里只能这样理解：当每一个单独的个人具有一种与人的类自觉的关系的时候，异化将被扬弃并且也有可能谈到一种“社会化的人类”。“同一性”意味着每个个体都能占有人的类之丰富的总体；“自觉的关系”意味着每个个体都能从人类的丰富资源中选择出满足个体自身全面丰富发展所需要的东西。因此，在激进乌托邦中，每个个体都能得到最大限度的资源来丰富和完善自身的个性。

同时赫勒的激进乌托邦思想也涉及了关于需要的评价问题。她认为从民主的角度来讲，任何人的需要都应该得到满足，但是满足所有的需要是不可能的。因此必须对需要进行合理的评价。但是赫勒又反对对需要进行所谓“真实的”和“虚假的”划分，因为这样的划分忽视了道德评价的原则。她也不赞成对需要进行“现实的”和“想象的”划分，压迫别人的需要无疑是现实的；同样，羞辱别人或压迫别人的需要也是现实的，由于它们是现实的，因而要不受任何限制地来承认并满足所有那些现实的需要，那么剥削他人、压迫他人的需要就必须得到承认，得到满足。[①] 借助康德“人一定不要成为其他人的纯粹的手段”的思想，对需要的合理性评价又更进一步。除了那些其满足将使人变成其他人的纯粹的工具的需要之外，所有的需要都应该得到承认和满足。[②] 从本体论、伦理、政治学方面关于需要的评价得出了这样的结论：只要社会关系是

① 凯特琳·勒德雷尔. 人的需要 [M]. 邵晓光，孙文喜，王国伟，等译. 沈阳：辽宁大学出版社，1988：233.

② 凯特琳·勒德雷尔. 人的需要 [M]. 邵晓光，孙文喜，王国伟，等译. 沈阳：辽宁大学出版社，1988：236.

以附属和等级为基础，只要就权力而言存在占有和不占有，只要财产的占有属于一些人不属于他人，那么在这样的地方总存在着将其他个体用来作为纯粹手段的需要。赫勒的激进需要思想不仅包含着对马克思需要理论的解读与重构，同时也为我们理解马克思主义理论提供了一种新的视角。从需要的角度来看马克思的异化理论凸显了人的主体性地位，在人的需要与生产之间建立了有机联系，对我们研究虚拟需要也具有积极的意义。

后　记

成书之际正值新冠肺炎疫情肆虐之时，蜗居于异国他乡一间小小的公寓，终日与电脑为伴。窗前是很舒服的早春阳光，树叶绿得耀眼，仿佛要肆意地证明春天的到来。2020 年伊始，很多人开始隔离家中，疫情打乱了人们所有的生活节奏。城市失去了往日的繁华，网络世界却喧嚣异常。全世界的人们通过互联网分享彼此的心情，释放着因身体无法获得自由的无助、焦虑和紧张的心情。疫情之下，所有人的需要被无限压缩。在欧洲，超市被抢购一空，垃圾桶里堆满了囤积过多而过期的食品，人们用这样的行为表达着对于未来的担忧。无助的人们通过网络求助，崩溃的医生在视频里流泪……多年之后当人们回首 2020 年，不知会留下怎样的记忆。

长久以来，人们习惯于追逐珍贵而稀少的东西。多少人为钻石一掷千金，为黄金趋之若鹜。空气、阳光、爱和亲情，因为普通而平常，却常常被忽视。时至今日，人们才恍然醒悟，这些平平常常的东西才是真正值得我们珍视的。疫情终会散去，当人们重新置身于物欲横流的世界时，希望都能保持一颗清醒的头脑，学会辨别、学会选择、学会取舍：什么才是我们真正的需要？我们应该如何看待虚拟需要？

在本书的完成过程中，我的导师韩璞庚教授为我提出了宝贵的建议，使我受益良多。我的先生王世鹏帮助我敲定框架结构、校对文字，没有他的支持和帮助，也就没有本书的顺利出版。科学出版社石卉和陈晶晶编辑为本书出版付出大量辛勤努力，在此衷心表示感谢。

张孟杰

2021年1月